Die erste Ausbreitung des Christentums

Robert Wittek

APOSTEL, Mönche, Missionare

Impressum

TITEL: Apostel, Mönche, Missionare:
Die erste Ausbreitung des Christentums

AUTOR: Robert Wittek

DRUCK: Druckerei Uwe Nolte, Iserlohn

VERLAG: ***Verlag an der Ruhr***
Postfach 10 22 51, D-45422 Mülheim an der Ruhr
Alexanderstr. 54, D-45472 Mülheim an der Ruhr
Tel.: 02 08 – 43 95 40, Fax: 02 08 – 439 54 39

e-mail: info@verlagruhr.de
http://www.verlagruhr.de

ISBN 3-86072-573-4

Die Schreibweise der Texte folgt
der reformierten Rechtschreibung.

Ein weiterer
Beitrag zum
Umweltschutz:

*Das Papier, auf dem
dieser Titel gedruckt ist, hat
ca.* ***50% Altpapieranteil,***
der Rest sind ***chlorfrei***
gebleichte Primärfasern.

Apostel • Mönche • Missionare

Inhaltsverzeichnis

VORWORT

Erzähle mir – und ich vergesse
Zeige mir – und ich erinnere
Laß es mich tun – und ich verstehe

(Konfuzius)

*„**Apostel. Mönche. Missionare**“ – die vorliegenden Arbeitsblätter, die sich auch als Lernzirkel einsetzen lassen, folgen „lerntechnisch“ den Spuren der konfuzianischen Worte. Die Schüler sollen eigenverantwortlich in die Kirchengeschichte eintauchen und zu einem eigenen Verstehen gelangen.*

*„**Apostel. Mönche. Missionare**“ – dieser Titel vereinigt verschiedene Themen und Ereignisse der ersten neun christlichen Jahrhunderte.*
Am Anfang der Entwicklungslinie liegen die frühen vereinzelten Gemeinden Palästinas und des südlichen Mittelmeerraumes, an ihrem Ende steht das christliche Europa.
Kirchengeschichte ist in der Schule ein weithin unbestelltes Feld.
In der Fachdidaktik spielt sie vielerorts nur eine marginale Rolle.
Ratlosigkeit wird meist von Unwissenheit abgelöst.
Warum sollen sich Schüler überhaupt mit Themen aus der grauen Tiefe unserer Zeit beschäftigen? Eine Antwort ist der Mensch. Die spätantiken bzw. frühmittelalterlichen Frauen und Männer hatten ähnliche Sorgen und Nöte, Wünsche und Freuden wie wir. Sie machten dieselben Fehler, von denen wir lernen können. Eine zweite ist die Zeit. Schließlich wurden in der Spätantike und im Frühmittelalter die entscheidenden Weichenstellungen für die europäische Geschichte, für den westlichen Kulturkreis gestellt. Eine dritte ist das Christentum selbst. Denn Christentum ist immer auch antike Religion. Es gibt kein modernes, von seiner Zeit losgelöstes Jesuskind in der Krippe. – Jesus war ein antiker Mensch, der in einem hellenistisch geprägten Reich lebte und wirkte: in dem Imperium Romanum. Das bedeutet, wir können die Botschaft Jesu und die Gestalt seiner Kirche nur dann verstehen, wenn uns bewusst wird, woher und aus welcher Zeit sie kommen.

Robert Wittek

APOSTEL • Mönche • Missionare

LAUFZETTEL

		✗	✔
DER ANFANG CHRISTLICHER MISSION (I)	A „Bis an die Grenzen der Welt“ – Mit Paulus kreuz und quer durchs Mittelmeer	☐	☐
	B Feiertag! – Paulus auf Malta	☐	☐
	C Ein Sommernachtsplausch – Paulus und Petrus in der „Ewigen Stadt“	☐	☐
CHRISTLICHER ALLTAG (II)	A Das Christentum – Leben in der Gemeinschaft	☐	☐
	B Was beteten die ersten Christen?	☐	☐
	C Stehen oder knien? – Gebetsgesten	☐	☐
	D Frühchristlicher Alltag – Berufsverbote	☐	☐
DIE CHRISTEN RICHTEN SICH EIN – LEBENSRÄUME (III)	A Kirche und Villa – Die Hauskirchen	☐	☐
	B Ein Blick in die Katakomben	☐	☐
	C Das Paradies	☐	☐
	D Christus ist bei uns	☐	☐
ABLEHNUNG UND VERFOLGUNG (IV)	A Ein Spottbild	☐	☐
	B Christen ans Kreuz!	☐	☐
	C Was ist ein Staatsfeind?	☐	☐
	D Auswege?!	☐	☐
WENDEZEITEN (V)	A Rom wird christlich	☐	☐
	B Aus Überzeugung	☐	☐
	C „Wir sind nun wer“ – Kunst in der Basilika	☐	☐
DAS CHRISTENTUM KOMMT ZU UNS (VI)	A Das Christentum bei unseren „Müttern und Vätern“	☐	☐
	B Andere Zeiten, andere Sitten – Grabbeigaben	☐	☐
	C Ein Wanderer aus Poitiers – Fridolin von Säckingen	☐	☐
EINE ANDERE WELT (VII)	A Das ideale Kloster	☐	☐
	B Ora et labora	☐	☐
	C Fleißige Mönche – Kalligraphie	☐	☐
EINE GEWISSENSFRAGE (VIII)	A Christen an die Waffen?!	☐	☐
FRAUEN IN DER KIRCHE (IX)	A Powerfrauen in der Kirche!	☐	☐
WORLD WIDE WEB – „BIS AN DIE GRENZEN DER WELT“ (X)	A Kirchengeschichte im Internet	☐	☐

✗ = ERLEDIGT ✔ = KONTROLLIERT

„Bis an die Grenzen der Welt"

Mit Paulus kreuz und quer durchs Mittelmeer

Jesus trug all seinen Freunden und Freundinnen auf, „bis an die Grenzen der Welt" (Mk 16,15) die „Gute Nachricht" zu verkündigen. Der Apostel Paulus nahm sich diesen Auftrag besonders zu Herzen und bereiste „im Namen des Herrn" zwischen den Jahren 49 und 60 den Mittelmeerraum, um den Menschen die „Gute Nachricht" zu verkünden.

AUFTRAG:

- ✔ Lies den Auftrag Jesu im Markusevangelium nach!
- ✔ Was bedeutet deiner Ansicht nach die „Gute Nachricht"?
- ✔ Fertige eine Umrisskarte des Mittelmeerraumes an! Zeichne in diese Karte die Reiseroute und die Aufenthaltsorte des Apostels Paulus auf seiner Romfahrt ein!
- ✔ Folgende Textstellen aus der Apostelgeschichte informieren dich über Paulus' Romreise:
  Apg 23,23–35; 27,3–8; 27,13–44; 28,1–30.

DU BENÖTIGST: die Bibel und einen Atlas

FEIERTAG!

Paulus auf Malta

Eigentlich war der Apostel Paulus als Gefangener auf dem Weg nach Rom. Doch nach schweren Stürmen erlitt er an einem 10. Februar um das Jahr 58 herum zusammen mit 276 Passagieren und Seeleuten vor einer unbekannten Insel Schiffbruch. Es war Malta.

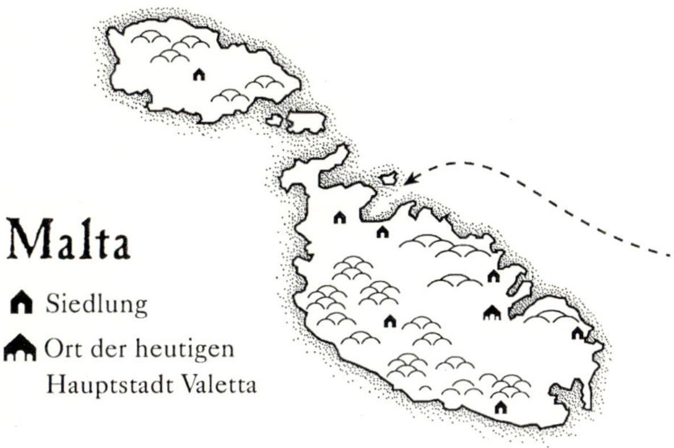

Der Apostel Paulus landete an der heute nach ihm benannten wunderschönen „St. Pauls Bay“ und blieb für drei Monate auf der Insel. Dort tat er sich durch seine Heilkünste und als Missionar hervor. Seit dieser Zeit ist er der Schutzpatron der Malteser, die bis heute stolz darauf sind, zu den ältesten christlichen Gemeinden des Mittelmeeres zu gehören. Aus diesem Grund ist der 10. Februar auch ein hoher religiöser Feiertag in dem kleinen Inselstaat. Viele Sagen und Legenden werden von den Maltesern über das Wirken des Paulus auf ihrer Insel erzählt. Fakt ist jedoch, dass wir eigentlich nicht mehr wissen als das, was uns die Apostelgeschichte in Kap. 27,27–44 überliefert.

AUFTRAG:

✔ Lies zunächst Apg 27,27–44!

Schreibe dann eine Geschichte über die wundersamen Taten des Paulus, wie sie noch heute auf Malta erzählt werden könnte!
Zwei der in der Apostelgeschichte beschriebenen Ereignisse auf Malta könnten dir den nötigen Erzählstoff liefern.

✔ Lies dazu diese Stellen genauer: Apg 28,3–6 und Apg 28,7–10.

✔ Entwerfe für die maltesische „Sunday Times“ einen Zeitungsartikel über Paulus’ Ankunft!

✔ Male als „Fotoreporter“ eine Szene von Paulus’ Maltaaufenthalt!

DU BENÖTIGST: die Bibel

EIN SOMMERNACHTSPLAUSCH

Paulus und Petrus in der „Ewigen Stadt“

Der kirchlichen Überlieferung nach hielten sich die beiden Apostel Paulus und Petrus Anfang der 60er Jahre des 1. Jahrhunderts in Rom auf, der sogenannten „Ewigen Stadt“.
Paulus gelangte als Gefangener nach Rom. Er wurde im Jahr 56 in Jerusalem verhaftet und ein oder zwei Jahre später nach Rom überstellt, denn als römischer Bürger hatte er das Recht, an den Kaiser zu appellieren und sich vor ihm zu rechtfertigen.
Er lebte dort ein bis zwei Jahre in milder Haft, die ihm einige Bewegungsfreiheit erlaubte. So konnte er in Roms christlicher Gemeinde wirken. Um das Jahr 60 starb er als Märtyrer unter Kaiser Nero in Rom. Auch Petrus starb nach der altkirchlichen Geschichtsschreibung zur Zeit des Kaisers Nero in Rom. Sein Grab soll unter dem heutigen Petersdom liegen.
Vor seinem Tod hielt Petrus sich aber zunächst einige Zeit in der „Ewigen Stadt“ auf und genoss sicherlich allerhöchstes Ansehen bei der örtlichen Christengemeinde. Schließlich war er einer der besten Freunde Jesu.
Es ist leider nicht bekannt, ob sich diese beiden Persönlichkeiten dort jemals begegneten – wobei durchaus die Möglichkeit bestand ...

AUFTRAG: *Hier ist deine Fantasie gefragt! Stelle dir folgende Szene vor: Sommer 63 in Ostia*1. Petrus und Paulus sitzen in einer Strandtaverne*2 bei einem Krug Cervisia*3, schauen auf das blaue Meer hinaus und erzählen sich ihre Erlebnisse ...*

- ✔ Zeichne einen Comic oder eine Bildergeschichte über die Begegnung der beiden Apostel.
- ✔ Schreibe ein Hörspiel über diesen „Sommernachtsplausch“.

DU BENÖTIGST: die Bibel

* 1 **Ostia** = Hafenstadt bei Rom, 2 **Strandtaverne** = Strandbar, 3 **Cervisia** = Bier

© Verlag an der Ruhr • Postfach 10 22 51
45422 Mülheim an der Ruhr • www.verlagruhr.de

Das Christentum

Leben in der Gemeinschaft

Obwohl Christen in der Antike unter Verfolgung zu leiden hatten und ihr Glaube an nur einen Gott auf Unverständnis und Ablehnung traf, wirkte das Christentum auf viele Menschen auch sehr anziehend.
Eine entscheidende Rolle spielten dabei die frühchristlichen Gemeinden, die eine besondere Art der Gemeinschaft darstellten. Die Art des Zusammenlebens, die diese Gemeinden vorlebten, sowie die Werte und Prinzipien, von denen sie sich leiten ließen, boten den Menschen Halt und Schutz.

AUFTRAG: *In dem Lückentext erfährst du, welche Aufgaben die christliche Gemeinde übernahm und welche Vorteile der christliche Glaube den Menschen in der Antike bot.*

✔ Fülle die Lücken aus. Die Begriffe findest du unten aufgelistet.

Der christliche .... verkündete die feste Hoffnung auf Befreiung von .... Christin oder Christ wurde man in der .... , der Kirche Gottes am jeweiligen Wohnort. Für die Menschen der Antike wurde sie zum Ort des Heiles, der anwesenden Macht .... , zum heiligen Ort. Grundsätzlich konnte jeder in sie eintreten. Die Gemeinden waren .... tätig:
Sie finanzierten ihre Bedürfnisse durch freiwillige .... , leisteten Katastrophenhilfe, sorgten für Kranke, Zwangsarbeiter und Gefangene. Nicht zu unterschätzen ist die Sorge um die .... Seit dem frühen 3. Jahrhundert konnten die Gemeinden eigene Friedhöfe anlegen. Damit traten sie an die Stelle der begehrten römischen Begräbnisvereine, in die Menschen eintraten, um nach ihrem Tod eine würdige .... zu bekommen. Die Christen sorgten nicht nur für die .... , sondern durch ihr fürbittendes .... auch für das ewige .... des Toten.

Lösungswörter:
Spenden; Bestattung; sozial-karitativ; Tote; Gott; Glaube; Sünde und Tod; Gebet; Beerdigung; Heil/Leben; Gemeinde

Das Christentum – Leben in der Gemeinschaft (Blatt 2)

AUFTRAG:

- ✔ Du erfährst in den Bibelstellen Apg 4,32–35, Röm 12,1–21; Röm 13,1–14; Röm 14,1–23 und Röm 15,1–13 mehr über die frühchristliche Gemeinde. Lies dir diese Bibel-Texte genau durch und beantworte folgende Fragen:
- ✔ Was war das Besondere an der frühchristlichen Gemeinde?
- ✔ Warum, glaubst du, fühlten sich „Außenstehende" von der christlichen Gemeinde und ihrem Glauben angezogen?
- ✔ Informiere dich in deinem Geschichtsbuch über das Leben der Nicht-Christen in der Antike.
- ✔ Vergleiche das Leben in der frühchristlichen Gemeinde mit den Lebensgewohnheiten der Nicht-Christen und liste die Gemeinsamkeiten und Unterschiede auf.
- ✔ Du bist Werbetexter in einer Werbeagentur und sollst ein Plakat oder eine Zeitungsanzeige für (d)eine Pfarrgemeinde entwerfen. Berücksichtige dabei die Dinge, die dir dabei besonders wichtig sind und die Vorteile und Aufgaben der Kirche verdeutlichen.

DU BENÖTIGST: die Bibel; Geschichtsbücher/Bücher mit Informationen über Glauben und Leben in der „nicht-christlichen" Antike

WAS BETETEN DIE ERSTEN CHRISTEN?

Von Anfang an versammelten sich Christinnen und Christen zum gemeinsamen Mahl und Gebet. Bei den Historikern herrscht große Unsicherheit über den Ablauf und Inhalt der Eucharistiefeier in den ersten beiden Jahrhunderten.

Weitaus mehr ist vom frühchristlichen Beten bekannt: Neben dem „Vater Unser" (siehe Mt 6,9–13; Lk 11,2–4) waren vor allem die Psalmen – das „Gebetbuch" des Alten Testaments – Gebete der frühen Christenheit.

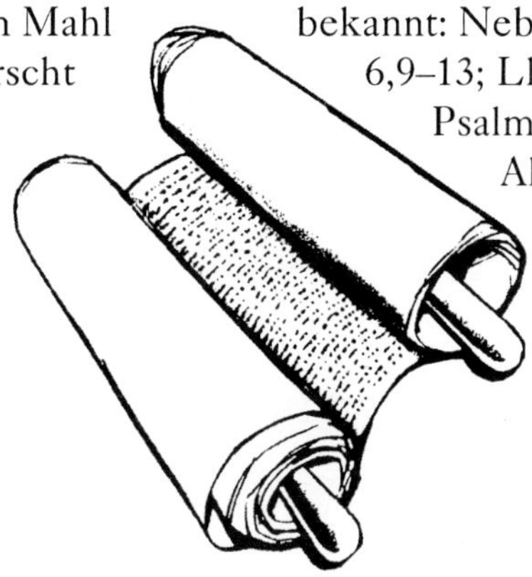

AUFTRAG: *Du lebst in der Christengemeinde von Kreta und machst dich an einem Frühlingsmorgen des Jahres 99 zum Gottesdienst auf. Einige Dinge haben dich in der Nacht beschäftigt ...*

- ✔ Stelle aus den Klage- und den Dank-Kärtchen deinen persönlichen Psalm zusammen. Übertrage das Gebet in dein Heft!
- ✔ Warum waren und sind deiner Ansicht nach das gemeinsame Gebet und Mahl für Christen so wichtig?
- ✔ Welche Rolle spielen bei dir daheim gemeinsame Mahlzeiten, Unternehmungen und Zeiten, in denen man als Familie beisammen sitzt? Wie geht es dabei zu?
- ✔ Wie findest du das Zusammensein in deiner Familie?

DU BENÖTIGST: Klage- und Dankkärtchen

Klage-Kärtchen

Wie rätselhaft sind mir
deine Gedanken, o Gott.
Nächtelang denke ich über dich
nach und komme an kein Ende.

Herr, ich habe keine Zuflucht
mehr, keinen Menschen,
der sich um mich kümmert.

Ich schreie zu dir,
so laut ich kann, Herr,
ich klage meine Not,
ich sage dir, was mich quält.

Herr, erhöre mich bald,
ich kann nicht mehr.

Herr, ich schreie zu dir,
komm doch und hilf mir schnell,
hindere mich,
meinen Neigungen nachzugehen,
damit ich nichts Übles tue.

Herr, bewahre mich
vor boshaften Menschen,
die Lügen über mich verbreiten.

Bewahre mich, Herr,
vor der Schlinge,
die man mir ausgelegt hat.

Aus tiefer Verzweiflung
schreie ich zu dir.
Herr, höre mich doch!
Sei nicht taub für meinen Hilferuf.

Herr, auf dem Weg,
den ich gehen muss,
hat man mir Schlingen ausgelegt.

Befreie mich, Herr, rette mich
vor der Macht der Fremden, die
niemals die Wahrheit sagen und
selbst dann noch lügen, wenn sie
die Hand zum Schwur heben.

Herr, ich schaue mich um,
da ist keiner, der mich beachtet.

Herr, neige den Himmel
und komm herab, schleudere deine
Blitze und verjage meine Feinde,
schieß deine Pfeile
und stürze sie in Schrecken.

Dank-Kärtchen

aber auch wenn ich allen Mut
verliere, du, Herr, weißt
wie es mit mir weitergeht.

aber du bist
gerecht in deinem Handeln
und gütig in all deinen Taten.

aber du hast Königen
den Sieg gegeben, den
Unterdrückten Recht verschafft
und die Gefangenen befreit.

aber du bist allen nahe,
die zu dir beten.

aber wie glücklich ist jeder,
der dich zum Helfer hat
und seine Hoffnung auf dich setzt,
den Herrn, seinen Gott.

aber du erfüllst die Bitten derer,
die zu dir beten.

aber du hältst alle,
die sich nicht halten können, und
richtest die Niedergebeugten auf.

aber du beschützt alle,
die dich lieben.

aber du richtest
die Erniedrigten auf
und wirfst die Bedränger
zu Boden.

aber du allein
bist unvergleichlich groß, deine
Macht umfasst die ganze Welt.

aber ich weiß, Herr,
du trittst für die Unterdrückten ein
und wirst den Wehrlosen
Recht verschaffen.

aber wer auf deine Worte hört,
dem bleiben Not
und Angst erspart.

Klage-Kärtchen

Rette mich, Herr, vor denen, die im Leben schon alles haben,	Herr, rette mein Leben vor Lügnern,
Mein Gott, auf dich vertraue ich. Lass mich nicht scheitern,	Gott, freche Menschen haben sich gegen mich erhoben,
Herr, denke nicht an all meine Jugendsünden,	Herr, wie zahlreich sind meine Bedränger, so viele stehen gegen mich auf,
Streite, Herr, gegen alle, die gegen mich streiten, bekämpfe alle, die mich bekämpfen,	Herr, schütze mich vor den Übeltätern, die ihren Nächsten freundlich grüßen, doch Böses in ihrem Herzen vorhaben,
Herr, in Schmach und Schande sollen alle fallen, die sich über mein Unglück freuen,	Hilf mir, o Gott, schon reicht mir das Wasser bis zum Hals. Ich bin in tiefem Schlamm versunken und habe keinen Halt mehr,
Herr, vom Ende der Erde rufe ich zu dir; denn ich habe Angst. Führe mich auf den Berg, der für mich zu hoch ist,	Herr, vor lauter Stöhnen und Schreien bin ich nur noch Haut und Knochen,

Dank-Kärtchen

aber du, Herr, bist ein Schild
für mich, du richtest mich auf.

aber du, Herr, meine Stärke,
eilst mir zur Hilfe.

aber in Frieden lege ich mich
am Abend nieder und schlafe ein;
denn du allein, Herr,
lässt mich sorglos ruhen.

aber du, Herr, bist bei mir,
ich fürchte kein Unheil,
du gibst mir Zuversicht.

aber du, Herr,
bist König für immer und ewig,
du verschaffst
den Bedrückten Recht.

aber dein Auge, Herr,
ruht auf allen, die dich ehren,
die nach deiner Güte ausschauen.

aber du, Herr, wirst mich
behüten und mich retten.

aber du, Herr,
hilfst Menschen und Tieren.

aber ich baue
auf deine Hilfe,
singen will ich dir, Herr,
weil du mir Gutes tust.

aber auf dich baue ich,
du wirst mich erhören,
mein Herr und mein Gott.

aber du, Herr, verwandelst
mein Klagen in Tanzen,
ziehst mir das Trauergewand aus
und umgibst mich mit Freude.

aber dir, Herr, nahe zu sein
ist mein Glück. Ich setze auf Gott,
den Herrn, mein Vertrauen.
Ich will all deine Taten verkünden.

STEHEN ODER KNIEN?

Die Gebetsgesten

Das frühe Christentum legte sehr viel Wert auf die rechte Gebetshaltung: Das „Äußere“ muss mit dem „Inneren“ übereinstimmen.

Dabei waren die Gebetsgesten keine christlichen „Neuerfindungen“, sondern wurden von der antiken Umwelt übernommen.

Die wichtigsten Gesten sind ...

... knien
Bedeutung: Vor jemandem zu knien galt in der Antike als Bußakt. Christen sollten in der „Alten Kirche“ nur zur Buße, keinesfalls aber an Sonn- und Feiertagen knien. (Das Knien in der Kirche ist ein germanischer Brauch aus dem Mittelalter. In spätantiken Kirchen gab es keine Kniebänke.)

... auf Zehenspitzen Kopf und Hände zum Himmel strecken
Bedeutung: sich Gott ganz hin- und zuwenden

... Bekreuzigung der Stirn, der Augen
Bedeutung: Segnung aller Sinne und des Mundes

... Friedenskuss nach gemeinsamem Gebet
Bedeutung: Der Kuss ist im Orient ein Grußzeichen – und auch heute noch in Ländern wie etwa Frankreich und Russland üblich.

AUFTRAG:

- ✔ „Baue“ ein Standbild: Stelle die Gebetsgesten nach und lasse dich dabei von einem Klassenkameraden/einer Klassenkameradin fotografieren. Stellt die Fotos in der Klasse aus.
- ✔ Zeichne die verschiedenen Gebetsgesten auf ein Blatt!
- ✔ Kennst du die Gebetsgesten anderer Religionen? Befrage andersgläubige Mitschüler in deiner Klasse oder Schule. Informiere dich darüber, was sie bedeuten. Vielleicht findest du auch eigene Erklärungen.

FRÜHCHRISTLICHER ALLTAG

Berufsverbote

In den ersten Jahrhunderten war es nicht immer leicht, Christ zu werden und als Christ zu leben. Viele damals wie heute alltäglichen Berufe und Freizeitbeschäftigungen waren für Christen tabu. Sie ließen sich nicht mit den sonst für Christen geltenden Geboten vereinbaren.
Der römische Bischof Hippolyt listete in seiner Kirchenordnung (um 200) eine Reihe „verbotener" Berufe auf. – Höhere Beamte, Bildhauer und Maler, die Götterbilder und -Statuen anfertigten, Schauspieler, Wettspieler und -kämpfer, aktive Soldaten, Zauberer, Traumdeuter, schließlich Bordellbesitzer, Prostituierte und „jeder andere, der etwas tut, worüber man nicht spricht" hatten keine Chance, in die Gemeinden aufgenommen zu werden.

AUFTRAG:

- ✔ Überlege dir, warum diese Berufe für Christen verboten waren. (Berücksichtige bei deinen Überlegungen, welche Gebote für Christen gelten.)
- ✔ Nenne Berufe aus unserer modernen Zeit, die deiner Meinung nach den ersten Christen ebenfalls verboten gewesen wären. Begründe!
- ✔ Welche heutigen Berufe und Freizeitaktivitäten hältst du persönlich für „fragwürdig"? Erkläre deine Antworten!

Kirche und Villa

Die Hauskirchen

Der mal hier, mal dort für die Christen zur Verfügung gestellte Raum wurde im Laufe des 2. Jahrhunderts von festen Versammlungsorten abgelöst, die man für die Zwecke der christlichen Gemeinde umwandelte. In großen Städten muss es mehrere solcher Häuser – oft waren es Stadtvillen – gegeben haben. Man nennt diese Art von „Kirchen" Hauskirchen.
Die Kirchen waren in ein gewöhnliches Wohnhaus integriert, wobei sich die zu kirchlichen Zwecken genutzten Räume im Erdgeschoss befanden und sich – wie auch ansonsten bei römischen Bauten dieser Zeit – zu einem zentralen Innenhof hin öffneten. Die Räumlichkeiten im 1. Stock des Hauses dienten hingegen Wohnzwecken. Die Ruinen der im 3. Jahrhundert erbauten Hauskirche von Dura Europus in Syrien wurden 1931 von einer franko-amerikanischen archäologischen Expedition entdeckt. Sie sind die Reste der ältesten bekannten christlichen Kirche. Aus den zahlreichen, teils sehr gut erhaltenen Wandmalereien ist zu schließen, dass ein Saal im Erdgeschoss als Baptisterium (Taufraum) diente. Ein Versammlungs- und Gottesdienstraum war ebenfalls für die rund 50–60 Personen umfassende Gemeinde vorhanden, wobei der erhöhte Sitzplatz dem Bischof, dem Priester bzw. einem anderen Gemeindevorsteher zustand. Der Zugang zur Kirche führte über den Innenhof, der durch versetzte Türen als Schutz vor neugierigen Blicken von der Straße verborgen blieb.

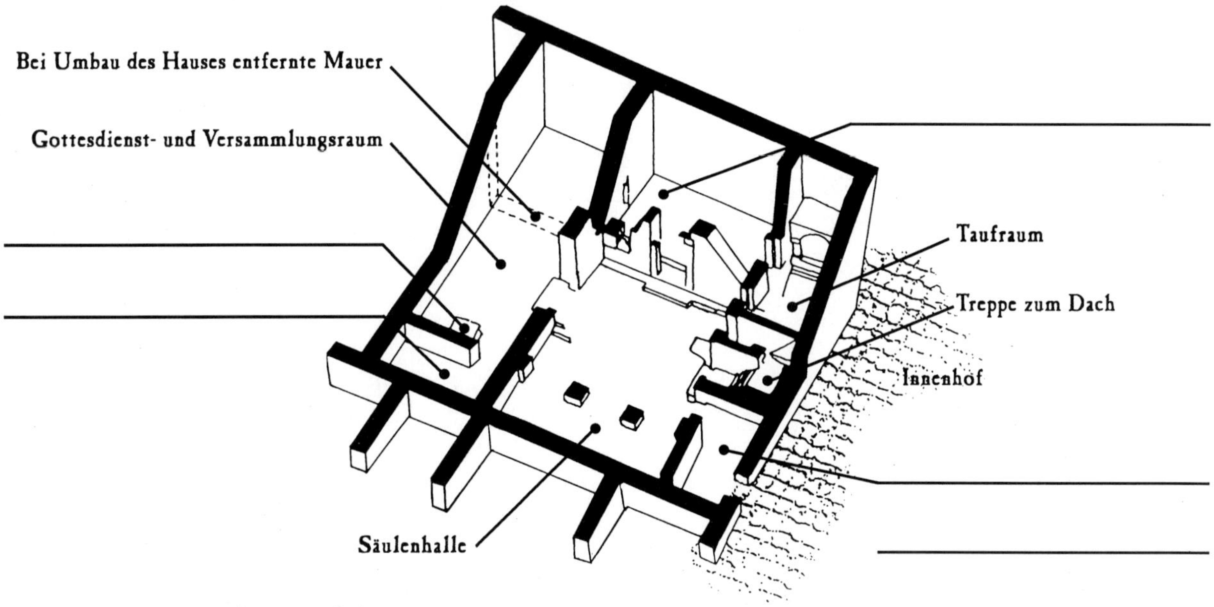

AUFTRAG: *Bei der Beschriftung des Planes der „Hauskirche" von Dura Europus/Syrien (3. Jh.) sind den Archäologen leider die Zuordnungen für:* ***Sakristei, Vorbereitungsraum für die Täuflinge, Eingang (mit versetzten Türen als Sichtschutz) und den erhöhten Sitzplatz*** *noch unklar.*

✔ Hilf den Altertumsforschern und beschrifte die Räume der Hauskirche!

✔ Fertige einen Plan oder eine Skizze von deiner Heimatkirche an und vergleiche ihn mit der Hauskirche von Dura Europus.

✔ Was hat sich im Lauf der Jahrhunderte verändert, was blieb gleich?

Ein Blick in die Katakomben

Es war und ist eine erste Christenpflicht die Toten, ob arm oder reich, würdig zu begraben. Aus Platzgründen war es in den Städten nicht immer möglich, Friedhöfe anzulegen. Um dem Problem zu entgehen, wichen die christlichen Gemeinden in den Untergrund aus und legten unterirdische Begräbnisstätten an, die Katakomben.
Katakomben haben ausgedehnte, labyrinthartig verzweigte Gänge, die oft auch in mehreren Stockwerken übereinander liegen.
Die Toten wurden in Grabnischen der Seitenwände beigesetzt. Es war üblich, die Wände und Decken der Katakomben mit Malereien zu verzieren.
Besonders bedeutend sind die in den Katakomben des 2. bis 4. Jahrhunderts erhaltenen frühchristlichen Wand- und Deckenmalereien. Themen der Katakombenmalerei und Mosaikkunst waren in der Frühzeit zunächst alttestamentarische Szenen, später trat der christliche Erlösungsgedanke (d.h. Hoffnung auf Leben nach dem Tod) immer mehr in den Vordergrund. Noch heute kann man die Katakomben mit ihren eindrucksvollen Malereien besichtigen, z.B. in Rom oder Neapel.

AUFTRAG:

✔ Schaue dir die Zeichnungen genau an. Beschreibe den Aufbau und das Aussehen der Räume in den Katakomben. Welchen Eindruck machen diese Begräbnisanlagen auf dich?

✔ Vervollständige die Zeichnung der Katakombe und male sie farbig aus. Orientiere dich dabei an christlichen Motiven.

Das Paradies

Ein beliebtes frühchristliches Motiv, das auch in den Katakomben oft abgebildet wurde, ist das Paradies.
Das Paradies ist für die Christen der Ort des Friedens und des Heils am Anfang und am Ende aller Zeiten: Nach dem Tod gelangen alle Gläubigen dorthin. Das Alte Testament meint mit dem Paradies den Garten Eden, aus dem Adam und Eva vertrieben wurden (s. 1 Mose/Gen 2,8–14).

In dem Ankerkreuz sind mehrere christliche Motive zusammengefasst:
Der Anker war in der frühchristlichen Kunst ein Sinnbild der Hoffnung auf das ewige Leben, oft in Verbindung mit dem Kreuz. Der Pfau war ein Symbol der Auferstehung, die Taube stand für den Heiligen Geist. Der Fisch, altgriechisch Ichthys, ist wegen der Abkürzung der Formel Iesous, Christos, Theou, (H)Yios, Soter (»Jesus Christus, Gottes Sohn, Heiland«) das frühchristliche Geheimzeichen für Christus.

AUFTRAG:

✔ Die Katakomben brauchen noch ein wenig Farbe. – Male das Ankerkreuz auf der nächsten Seite bunt aus!

✔ Was haben die Symbole des Ankerkreuzes mit dem Paradies zu tun? Erkläre den Zusammenhang.

✔ Fertige Skizzen für weitere Katakombenmalereien an! Überlege dir dazu geeignete christliche Motive. Du kannst auch zeitgemäße, moderne Versionen der Katakombenmalerei entwerfen.

Das Paradies (Blatt 2)

DAS ANKERKREUZ

Christus ist bei uns

Viele der Wand- und Deckenmalereien in den Katakomben sind heute, nach über 1600–1800 Jahren, leider in einem sehr schlechten Zustand. Die Deckenmalerei in der Gaudiosus-Katakombe (5. Jh.) von Neapel ist stark beschädigt, wie die Darstellung unten zeigt:

AUFTRAG:

✔ Hilf bei der Wiederherstellung der Deckenmalerei und gestalte sie neu, damit die Katakombe wieder im alten Glanz erstrahlen kann!

✔ Die Malereien in den Ecken stellen die vier Evangelisten dar. Ihnen werden seit dem 4. Jahrhundert bestimmte Symbole zugeordnet, die auf die in Kapitel 4 der Johannes-Offenbarung beschriebene Vision zurückgehen: Mensch, Adler, Löwe und Stier. Finde heraus, welches Symbol zu welchem Evangelisten gehört, und verbinde sie miteinander:

Matthäus	Mensch
Lukas	Adler
Markus	Löwe
Johannes	Stier

DU BENÖTIGST: die Bibel

Ein Spottbild

Das Christentum stieß bei seiner altgläubigen Umwelt oft auf Unverständnis. Die Meinung der Römer gegenüber dem Christentum war hart: Ein guter Römer, der seinen Verstand gebrauchte, konnte kein Christ sein. Aus ihrer Sicht war Jesus eines schimpflichen Todes gestorben, denn die Kreuzigung galt als die schändlichste Strafe. Sie wurde gegenüber Sklaven und bei schwersten Verbrechen wie Aufruhr, Hochverrat und Raub verhängt. Tiefste Ablehnung drückt sich auch in der unten abgebildeten Karikatur aus.

ΑΛΕ
ΞΑΜΕΝΟϹ
ϹΕΒΕΤΕ
ΘΕΟΝ

antikes Spottkreuz,
1856 in Rom gefunden
Der griechische Text lautet:
„Alexamenos verehrt (seinen) Gott“

AUFTRAG: Die Karikatur eines altgläubigen Spötters macht sich über den christlichen Glauben lustig.

- ✔ Beschreibe kurz die Karikatur!
- ✔ Wie macht sich der Spötter über das Christentum lustig?
- ✔ Welche Folgen hatte diese weit verbreitete Ansicht wohl für das öffentliche Ansehen der christlichen Religion?

CHRISTEN ANS KREUZ!

Der Schriftsteller Minucius Felix (3. Jh.) hat einige Vorwürfe gegen die Christen zusammengestellt:

„An geheimen Zeichen und Merkmalen erkennen sie einander und lieben sich schon, fast ehe sie sich noch kennen. Unterschiedslos vollziehen sie miteinander eine Art Ritual der Lust. Im Mittelpunkt ihrer Zeremonien steht ein für seine Verbrechen mit dem Tode bestrafter Mensch samt den Kreuzeshölzern. Sie verehren, was ihnen eigentlich selbst geschehen sollte. Bei der Aufnahmefeier bedeckt man, um die Neophyten (= Neugetaufte) zu täuschen, ein Kind mit Teig und legt es dem vor, der in ihre Mysterien (= Geheimnisse) eingeweiht wird. Der Neuling lässt sich, durch die Teighülle getäuscht, zu Stichen verleiten, bei denen er nichts Arges vermutet, tötet so das Kind. Das Blut dieses Kindes lecken sie gierig auf und reißen sich noch um die zerstückelten Glieder. Durch die Mitwisserschaft an diesem Verbrechen verpflichten sie sich gegenseitig zum Stillschweigen. An Festtagen kommen sie zum Gelage zusammen, mit all ihren Kindern, Schwestern und Müttern, beiderlei Geschlechts und jeglichen Alters. Dann, nach vielen Gängen, wenn alle betrunken sind, wird das Licht gelöscht und alle stürzen sich, schamlos im Schutz der Dunkelheit, in unerhörter Gier (zum Geschlechtsverkehr) aufeinander, wie der Zufall es bringt."
(nach Minucius Felix: Dialog Octavius 9,1–7)

AUFTRAG: Der Text lässt an den Christen kein gutes Haar.

- ✔ Was wird den Christen vorgeworfen?
- ✔ Überlege, wie es dazu kommt, dass Menschen über andere solche Gerüchte verbreiten?

Was ist ein Staatsfeind?

Lies dir folgenden Text über die Zeit der Christenverfolgung im römischen Reich in Ruhe durch:

Die Kirchengeschichtsschreibung spricht von zwei Phasen der Christenverfolgung. Dazwischen konnten die Christen frei und unbehindert in aller Öffentlichkeit leben. Die erste Phase reicht bis in die Mitte des 3. Jahrhunderts. In ihr gab es nur vereinzelte, örtlich begrenzte christenfeindliche Aktionen, der einzelne Christen zum Opfer fielen (so wie in Rom unter Kaiser Nero 64 n. Chr.). Nach den Christen sollte aber nicht polizeilich gefahndet werden, wie Kaiser Trajan 111/112 an seinen Statthalter Plinius in Bithynien (Landschaft in der heutigen Türkei) schrieb: Der Richter soll nur auf Anzeige hin tätig werden; anonyme Anzeigen dürfen nicht berücksichtigt werden. „Das entspricht nicht unserer Zeit", fügte der Kaiser selbstbewusst hinzu. Mit Kaiser Decius (249–251) setzte die zweite Phase ein, in der Christen gezielt im gesamten Reich verfolgt wurden. Wie kam es dazu? Die altgläubigen (= heidnischen) Römer waren von einer tiefen Religiosität geprägt. Sie brachten ihren Göttern die sowohl für das persönliche als auch für das staatliche Wohl nötigen Gebete und Opfer dar. Von 235–284 befand sich das römische Reich in einer bedrängenden Krise, mehr als dreißig Kaiser wechselten sich in ihrer Herrschaft ab. Die gottgleiche Verehrung des römischen Kaisers, der Kaiserkult, und das Gebet für das Staatswohl gewannen deshalb eine immer größere Bedeutung und wurden zum Maßstab eines staatstreuen Bürgers. Im Jahr 250 n. Chr. erließ Kaiser Decius ein Gesetz, nach dem alle Bewohner des Reiches den Göttern Roms opfern und vor dem Bild des Kaisers ein Weihrauchopfer vollziehen mussten; man kann dies auch als „Vertrauensfrage" des Kaisers verstehen, die durch Opfervollzug beantwortet werden sollte. Staatliche Kommissionen hatten die Opfer zu überwachen und stellten für den Vollzug schriftliche Bescheinigungen aus. Ein Götteropfer musste von den Christen natürlich abgelehnt werden: Sie durften nur den einen Gott anbeten und verehren. Damit wurden sie offenkundig zu Staatsfeinden, was zu Verfolgung und Tod, dem Martyrium, führen konnte. Zahlreiche Gerichtsprotokolle (sog. Märtyrerakten) belegen die hohe Zahl von Christinnen und Christen, die zum Tode verurteilt wurden. Andere opferten oder „besorgten" sich mit Bestechung eine Opferbescheinigung. Nach Ende der Verfolgungswellen ergaben sich große Probleme für die Gemeinden: Was sollten sie mit den „Abgefallenen" tun? Aus der Gemeinde ausschließen oder wieder aufnehmen? Beide Vorgehensweisen wurden in der Alten Kirche praktiziert – und waren heftig umstritten.

AUFTRAG:

✔ Beschreibe die Christenverfolgung im Römerreich!

Die Alte Kirche war sich uneinig in der Frage, wie sie mit den „Abgefallenen", also den Christen, die zum Schein den römischen Göttern opferten, umgehen sollten.

✔ Was hältst du für eine geeignete Lösung? Begründe!

Was ist ein Staatsfeind? (Blatt 2)

Die Verfolgung der Christen bot Stoff für zahlreiche Filme.

✔ Erkundige dich, welche Filme es zu diesem Thema gibt.

✔ Wähle einen der Filme aus, schaue ihn dir mit Mitschülern aus deiner Klasse an und verfasse eine Filmanalyse.

Folgende Überlegungen können deine Analyse leiten:

✔ Wie werden die Christen bzw. die Römer in dem Film dargestellt?

Für deine Beschreibung kannst du die unten aufgelisteten Wörter und Begriffe verwenden und natürlich auch eigene passende Beschreibungen wählen.

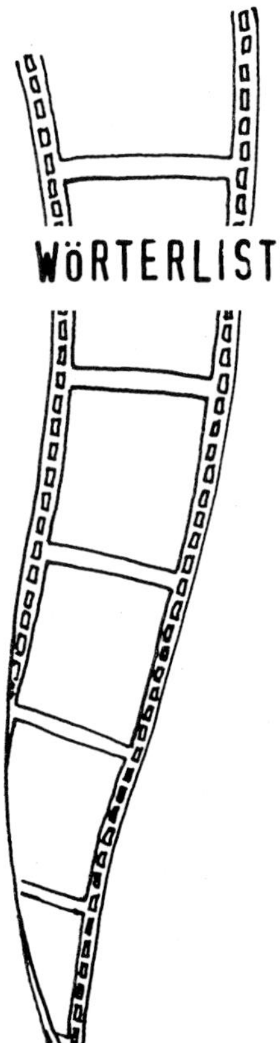

WÖRTERLISTE:

ausgeliefert, anklagend, besonnen, barbarisch, berechnend, böse, dumm, erfolglos, feige, furchtlos, gefürchtet, gemein, gewalttätig, gewieft, heldenhaft, hinterhältig, hinterlistig, hilflos, klug, listig, machtlos, mächtig, mutig, räuberisch, rücksichtslos, raffiniert, rebellisch, roh, schändlich, schwach, standhaft, unschuldig, unterdrückt, unterwerfend, unnachgiebig, verraten, verfolgt, verschlagen, wagemutig

⇨ Kommen in dem Film Elemente vor, die eine spezielle Sichtweise der Problematik unterstützen, z.B. eine bestimmte Art von Filmmusik zur Untermalung besonderer Szenen oder die Art der Darstellung von Szenen?

⇨ Wie überzeugend werden die Motive der Römer dargestellt?

⇨ Wie wird der Konflikt dargestellt:
- als rein politischer Konflikt?
- als religiöser Konflikt?

AUSWEGE?!

Opferungen vor dem Bild des Kaisers waren für die Christen undenkbar. Der christliche Glaube verbot es, einem „Normalsterblichen“ wie dem Kaiser zu huldigen und ihn wie einen Gott anzubeten. Für die Christen bedeutete das von Kaiser Decius erlassene Gesetz zur Darbringung von Weihrauchopfern vor dem Bild des Kaisers ein Dilemma. Die Nichterfüllung des Opfers konnte zum Todesurteil führen.
Zum Schein zu opfern brachte auf der anderen Seite aber viele Christen in einen Gewissenskonflikt.

Es ist ein regnerischer Nachmittag in Colonia (Köln), irgendwann ihm Jahr 250. Die Familie des ehemaligen hohen Offiziers Gaius sitzt in ihrer schmucken Stadtvilla zusammen ...

Gaius: Meine Lieben, es ist soweit. Heute kam die Aufforderung, am Opfer für die Götter und den Kaiser teilzunehmen.

Julia: Wie stellst du dir das vor, Vater. Unser Glaube verbietet es uns, einem anderen als Gott zu huldigen. Ich werde auf keinen Fall daran teilnehmen. Lieber will ich sterben, als Christus zu verraten.

Sixta: Kind, du bist doch noch so jung, hast dein ganzes Leben vor dir. Wer weiß, wie lange der Kaiser noch lebt. Opfern wir – wir wissen doch genau, dass der Kaiser kein Gott ist.

Julia: Das kann ich nicht. Gerade weil er kein Gott, sondern ein ganz gewöhnlicher Mensch ist, kann ich ihm kein Opfer bringen.
Das ist Verrat.

Antonius: Ach komm, Schwester, sei klug. Wir können doch nur so tun, als ob wir opferten. Was wir wirklich denken, weiß nur Gott allein. Wenn wir nicht opfern, riskieren wir unser Leben.

Gaius: Eigentlich sind das doch alles Lügen. Der Kaiser hält uns Christen für Verbrecher und für Staatsfeinde, weil wir ihn nicht als Gott verehren. Aber wir Christen ehren den Kaiser und beten für sein und des Staates Wohl. Wir dürfen ihn nur nicht anbeten.

Gaius (weiter): Lasst uns überlegen, wie wir vorgehen können. Vielleicht gibt es ja doch noch einen Ausweg. Ich habe da einen alten Freund, der im Tempel arbeitet. Ich will mal sehen, ob er ...

AUFTRAG:

- ✔ Welchen möglichen Ausweg deutet der Familienvater Gaius an?
- ✔ Entwirf eine Fortsetzung der Szene!
- ✔ Spiele die Szene mit weiteren „Schauspielern“ der Klasse vor! (Gaius’ Freund, andere Christen und Römer könnten dabei zum „Einsatz“ kommen.)

ROM WIRD CHRISTLICH

Konstantin der Große war Kaiser des Imperium Romanum von 306–337. Im Jahr 312 besiegte er seinen Konkurrenten Maxentius an der Milvischen Brücke (die du auch heute noch in Rom besichtigen kannst). Der Sieg war der Startschuss zur „Verchristlichung" Roms und bahnte die Entwicklung des Christentums zur Staatsreligion an. (Das heißt, dass das Christentum die einzige von Rom anerkannte und geförderte Religion wurde.)
Nach den christlichen Geschichtsschreibern der Konstantinzeit, Lactantius und Eusebius von Caesarea, hat Konstantin vor der Schlacht Christus um Beistand gebeten und auf himmlische Anordnung das „Christuszeichen" als Feldzeichen gewählt. Sein Sieg ging in die Geschichte ein. Die persönliche Bekehrung Konstantins zu Christus brachte der Alten Kirche die uneingeschränkte öffentliche Anerkennung und die Gleichstellung mit allen heidnischen Kulten. Seit 313 begann der römische Imperator, die „neue" Religion umfangreich zu fördern. Der Sonntag wurde zum arbeitsfreien Tag (321) – und die Kirche kam in den Genuss umfangreicher kaiserlicher Spenden und Kirchenstiftungen. Die Gesetzgebung wurde im Sinne des Christentums reformiert. So wurde 326 die Zweitehe für Männer verboten und die Ehescheidung erschwert. Im Jahre 381 wurde das Christentum unter Kaiser Theodosius dem Großen schließlich Staatsreligion des Römerreiches. Im Jahre 382 begann die Zerstörung heidnischer Tempel. 392 wurden dann alle heidnischen Kulte verboten. Offiziell gab es nun nur noch einen Weg zu Gott: Jesus Christus und seine Kirche.

AUFTRAG:

- ✔ Beschreibe die Veränderungen, die die „konstantinische Wende" dem Christentum brachte.
- ✔ Warum, glaubst du, hat sich das Christentum gegen die heidnischen Kulte durchsetzen können und wurde schließlich zur Staatsreligion?
- ✔ Lege eine Zeitleiste mit den wichtigsten kirchengeschichtlichen Ereignissen der Jahre 311 bis 392 an! Informiere dich dazu in einem Geschichtslexikon über die Ereignisse dieser Zeit.
- ✔ Ihr könnt die Zeitleiste auch arbeitsteilig als Gemeinschaftswerk der Klasse anfertigen und im Großformat in eurem Klassenzimmer aufhängen. (Tapetenrollen eignen sich dazu bestens.)

Aus Überzeugung

Bis zur „konstantinischen Wende“ im Jahr 312 hatten Christen im Römischen Reich allerhand zu erdulden. Leider wurden sie dann selbst sehr intolerant – ihr Missionsseifer erschreckte so manche Römerin und so manchen Römer, die an ihren alten Göttern festhielten und dem christlichen Glauben gegenüber vorsichtig oder ablehnend eingestellt waren.

Lies dir folgende „Liebesgeschichte“ in Ruhe durch:

Sanft beendete Marcella Marius' Umarmung. „Ich weiß nicht, was das soll“, rief die junge Römerin. „Andauernd erzählst du, wie sehr du mich liebst, aber gleichzeitig willst du mir deinen Gott und deinen Glauben aufzwingen. Das ist kein Zeichen großer Liebe!“ „Aber Marcella“, Marius fasste nach den Händen seiner Freundin, „dass ich dir meinen Glauben näher bringen will, das ist wirklich der größte Beweis meiner Liebe. Ich will, dass du mich heiratest, und ich will ebenso, dass du wie ich an den einzigen Herrn und Gott glaubst und deine römischen Götter endlich vergisst. Sie sind reine Einbildung, die es in Wirklichkeit gar nicht gibt!“

„Weißt du, was ich an euch Christen so seltsam finde?“, Marcella sah Marius ernst an. „Den Zwang euren Glauben zu verkünden. Warum wollt ihr uns immer wieder davon überzeugen, dass nur euer Christengott der einzige Gott ist?“
„Aber Marcella, warum muss ich es dir immer wieder sagen! Deine Götter sind armselige Figuren, die ihr selbst erfunden habt. Sie werden wie Handwerker für Arbeit bezahlt, aber nicht mit Geld, sondern mit Opfern. Ihr bezahlt sie aber im Gegensatz zu den Handwerkern im voraus, damit sie ihre Arbeit auch wirklich gut machen.“
Marcella schüttelte traurig ihre schwarzen Locken: „Du bist gemein. Hab doch Ehrfurcht vor dem Alter unserer Götter. Sie haben Rom groß gemacht. Jupiter hat uns schon beschützt, als noch keiner von deinem Gott sprach!“

„Und was ist mit all den anderen Götterfiguren?“ Marius plusterte sich auf und sprach laut: „Da gibt es Götter, die die Küche bewachen. Man opfert ihnen, damit das Essen nicht verdirbt. Da gibt es Götter und Göttinnen für die Liebe, für den Wein, für die Geburt, für die Gerechtigkeit und für die Politik. Vielleicht gibt es irgendwo auch einen Gott der Trunkenheit, dem man opfert, wenn man sich besäuft, damit man am nächsten Tag keinen Kater bekommt.“
„Aber ist das denn nicht normal“, flüsterte Marcella , „dass Menschen nach Schutz und Hilfe suchen? Was wünscht sich ein Kranker mehr als Gesundheit, ein Verliebter mehr als die Erwiderung seiner Liebe oder ein Bauer mehr als eine reiche Ernte?“

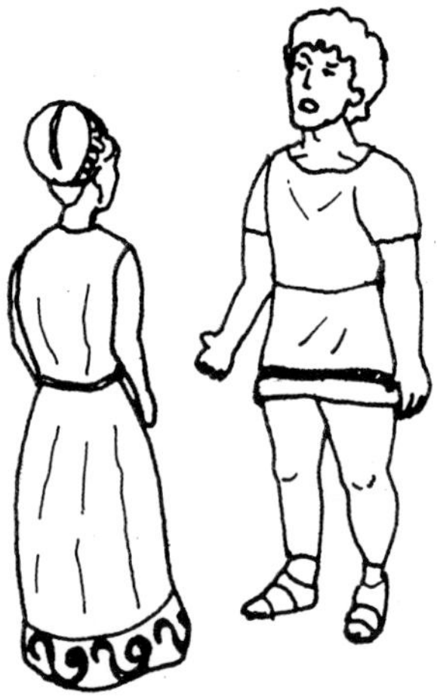

„Du willst mich nicht verstehen, Marcella!“, schimpfte der junge Christ. „Natürlich brauchen alle Schutz und Hilfe. Aber wirkliche Hilfe gibt es nur bei dem einen, nämlich bei meinem Gott. Er schickte seinen Sohn auf die Erde, um uns von Sünde und Tod zu befreien! Wie könnten das deine Götter? In welcher Schrift findest du Trost, wenn dich Angst und Zweifel quälen? Eine Schrift, die euch leiten und helfen kann, die kennt ihr ja gar nicht! Oh nein, Marcella, es gibt nur einen Weg zum Heil der Welt, nämlich den Weg zu Jesus Christus.“
Stolz stand Marius vor Marcella. Das Mädchen blickte ihn traurig aus ihren großen dunklen Augen an. „Du machst alles kaputt“, sagte sie, „alle meine Gedanken und Hoffnungen, die mir wichtig sind. Ihr Christen lasst nichts gelten neben euch. Lasst uns doch nach unsrer Art leben, denn wir sind frei.

Wir blicken zu denselben Sternen empor, dasselbe Weltall umfängt uns. Warum ist es so wichtig, in welcher Lehre der Mensch die Wahrheit sucht? Auf einem einzigen Weg kann man nicht zu einem so hohen Geheimnis, zum Heil der Menschheit und der Welt, kommen. Und Ihr Christen? Ihr droht allen Andersgläubigen Strafen an, wenn wir uns nicht bekehren wollen – was ist das für ein Gott, der kein Nebeneinander kennt?“
„Du redest Unsinn!“, sagte Marius scharf.
„Ach, tue ich das?“, fragte Marcella erregt. „Vielleicht denke ich ja nur wie jemand, der Verständnis und Liebe sucht.“
„Werde Christin!“, sagte Marius. „Nur unser Glauben gibt dir, was du suchst, nicht deine blöden Marmorbilder und Statuen!“
„Wer bist du?“, fragte sie mit brüchiger Stimme. „Mein Freund, der mich über alles liebt und respektiert, oder ein Priester deiner Religion? Nein, ich werde nie eine von euch – und aus uns beiden wird es wohl auch nichts. Ich werde weiterhin zu meinen Göttern beten.“
Marius wollte das zierliche Mädchen wieder umarmen, aber Marcella drehte sich um und ging davon ...

AUFTRAG:

- ✔ Wie verhält sich Marius gegenüber der altgläubigen Marcella?
- ✔ Weshalb will Marius seine Freundin mit allen Mitteln vom Christentum überzeugen?
- ✔ Erkläre das Bild, das Marius von Marcellas Glauben hat!
- ✔ Vergleiche die unterschiedlichen Ansichten Marius' und Marcellas vom „Weg zum Heil“!
- ✔ Warum will Marcella deiner Ansicht nach keine Christin werden?
- ✔ Schreibt die Geschichte in einen Dialog um und spielt sie mit verteilten Rollen der Klasse vor! Ihr könnt sie auch als Hörspiel vertonen.
  Vielleicht fällt euch auch eine Fortsetzung ein ...

DU BENÖTIGST: ein Aufnahmegerät

„WIR SIND NUN WER“

Kunst in der Basilika

Die Aufwertung und Anerkennung der christlichen Religion nach der „konstantinischen Wende“ machte sich natürlich im Selbstverständnis der Christinnen und Christen bemerkbar. Man „war nun wer“ und mochte dies auch der Welt zeigen. Was ist zur Selbstdarstellung nicht besser geeignet als ein prachtvolles Kirchengebäude? Erstes Kirchenmodell der neuen Zeit – weg von der unscheinbaren privaten Hauskirche – ist die Basilika. Zahlreiche kostbar ausgestattete und verzierte Kirchengebäude zeugen nicht nur in Rom von der Pracht und Blüte frühchristlicher Kunst. Konstantin der Große förderte selbst den Bau einiger prachtvoller und repräsentativer Kirchenbauten und machte die neugewonnene Macht und Bedeutung des christlichen Glaubens nach außen hin deutlich.

AUFTRAG: Du bist ein gefragter Künstler/eine gefragte Künstlerin im Ravenna in der ersten Hälfte des 6. Jahrhunderts und erhältst den Auftrag, die Kirche San Vitale mitzugestalten.

- ✔ Male das Labyrinth nach deinen Vorstellungen aus. (Du kannst es auch um eigene Elemente erweitern.)
- ✔ Hast du noch mehr „künstlerische“ Ideen? Fertige weitere christliche „Mandalas“ für Decken- und Wandmalereien an!
- ✔ Vielleicht hast du ja auch auf dem Schulhof die Möglichkeit, mit Straßenmalkreide deine Ideen zu verwirklichen.

„Wir sind nun wer“ – Kunst in der Basilika

DAS CHRISTENTUM BEI UNSEREN „MÜTTERN UND VÄTERN“

Im sechsten und siebten Jahrhundert durchwanderten französische, irische und schottische Missionare das heutige Deutschland und bekehrten die Menschen dieser Zeit.
Auf sie gehen auch die ersten Klostergründungen zurück. Doch noch bevor eine Missionierung stattfinden konnte, wurden die Grundlagen für eine systematische Ausbreitung des Christentums durch andere Ereignisse gelegt.

AUFTRAG: ✔ Vervollständige den Lückentext über die Ausbreitung des Christentums im Südwesten Deutschlands:

Im Jahr 487/488 besiegt Chlodwig, ein .... der fränkischen Merowinger, die heidnischen .... in der Schlacht bei Zülpich/Elsass. Während der Schlacht soll er zu .... gebetet haben: Gewährst du mir den .... über diese meine .... , will ich an dich glauben und mich .... lassen. Chlodwigs Bekehrung erinnert an .... , der am 28. Oktober 312 an der .... in Rom seinen Gegner Maxentius besiegte und vor der Schlacht ebenfalls Gott um Hilfe bat.
Am Weihnachtsfest 499 ließ Chlodwig sich mit seiner Gefolgschaft in .... taufen.
Das Merowingerreich war .... geworden, damit waren die Voraussetzungen für ein christliches Alemannien und darüber hinaus für ein christliches Südwestdeutschland gegeben.
Dass unsere Vorfahren den christlichen Glauben annahmen, verraten uns auch .... , die von Archäologen ausgegraben wurden. Gefunden wurden, Zeichen des christlichen Glaubens wie .... , ... sowie Schmuckgegenstände wie goldene Gürtelschnallen und Spindeln.
Die ersten .... im alemannischen Land waren noch recht bescheiden und bestanden aus .... oder ....
Zu den Anfängen der Christianisierung am Oberrhein gehört die Gründung des Bistums Konstanz im .... Auch die Klostergründungen wie .... und Säckingen, die auf .... aus Frankreich, Irland und Schottland zurückgehen, sind Zeugnis für die Ausbreitung des Christentums im alemannischen Raum.

Lösungswörter:
Mönche; Grabbeigaben; christlich; Stein; Alemannen; Gott; St. Gallen, Reichenau, St. Trudpert; Feinde; taufen; Milvische Brücke; Reims; Kirchen; Sieg; Konstantin der Große; Gold-, Eisen- und Bronzekreuze; Kleinkönig; Holz; 6. Jahrhundert

Andere Zeiten, andere Sitten

Grabbeigaben

Die heidnischen Alemannen gaben ihren Toten Gaben mit ins Grab, die den Verstorbenen im jenseitigen Leben helfen sollten. Diese Sitte wurde auch mit Einzug des Christentums beibehalten. Mit der Ausbreitung des Christentums nahmen Grabbeigaben jedoch christliche Formen an. Ein eindeutiges christliches Zeichen ist das Kreuz. Auch Schmuckgegenstände wie Gürtelschnallen wurden mit christlichen Symbolen verziert.

AUFTRAG: Stell dir vor, du bist ein beliebter Künstler/eine beliebte Künstlerin und besonders auf die Herstellung kostbarer Grabbeigaben spezialisiert.

✔ Forme aus Ton eine Grabbeigabe für Königin Chrodehildis*, die Ehefrau des Frankenherrschers Chlodwig.

Weitere Ideen für Grabbeigaben kannst du auch in Form von Skizzen festhalten.

DU BENÖTIGST: Ton, Zeichenpapier, Stifte

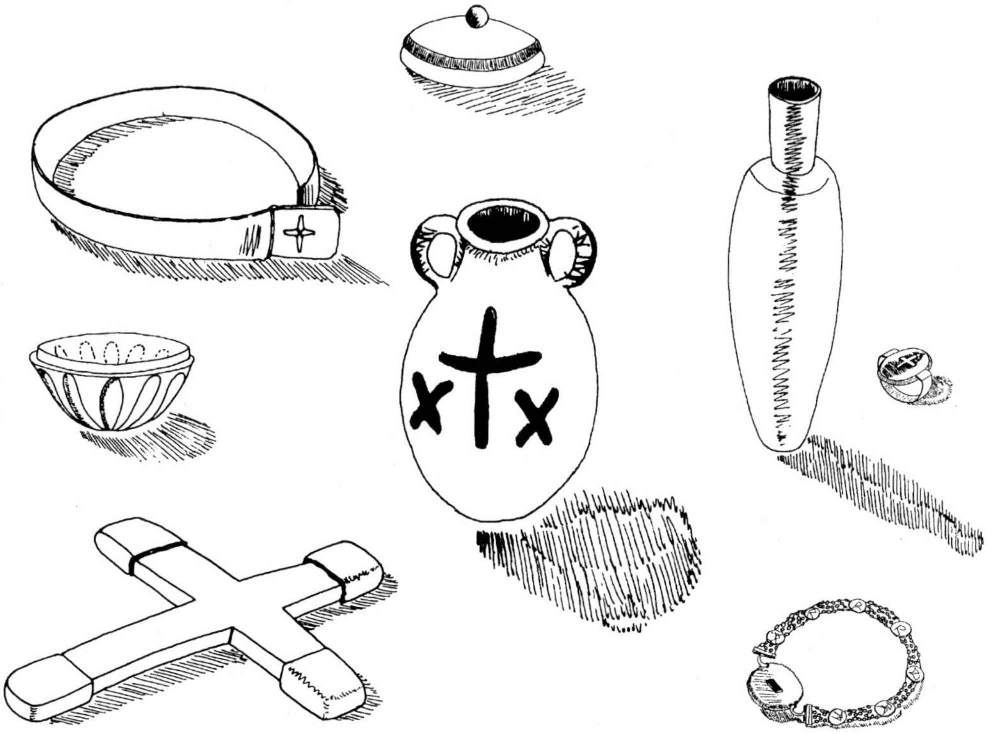

* *Chrodehildis war seit etwa 492 die Gemahlin des fränkischen Königs Chlodwig I. Sie bestärkte ihren Ehemann dabei, den christlichen Glauben anzunehmen. Nach seinem Tod zog sie sich zurück und gründete ein Frauenkloster. Sie wird als Heilige verehrt.*

EIN WANDERER AUS POITIERS

Fridolin von Säckingen

Erst im Frühmittelalter kam mit Mönchen aus Frankreich, Irland und Schottland christliches Leben in unsere Gegend. Vom Leben dieser Männer wissen wir nicht viel. Denn ihre Legenden, sogenannte Heiligenviten (von lat. Vita = Leben), wollten die Glaubensboten mit Wundern „garniert“ verherrlichen und keine historischen Tatsachen schildern. Die Vita des Heiligen Fridolin, der im 7. Jahrhundert vom französischen Poitiers in das heutige Bad Säckingen am Hochrhein kam, ist eine dieser Geschichten: Es war gegen Ende des 7. Jahrhunderts, als Fridolin in Poitiers das Grab des von ihm verehrten Heiligen Hilarius von Poitiers aufsuchen wollte. Er fand Grab und Kirche durch die Wirren der Zeit zerstört vor, bestattete die im Schutt gefundenen Gebeine von Hilarius und erbaute eine neue Hilarius-Kirche, wofür ihn der Bischof von Poitiers zum Abt des zur Kirche gehörenden Klosters machte. Im Traum erschien ihm Hilarius, und daraufhin zog er dann nach Alemannien, predigte, baute Hilarius-Kirchen und gründete das Kloster Säckingen auf einer Rheininsel. Am Sonntag nach dem Fridolinstag (6. März) findet bis heute in Bad Säckingen eine große Prozession und ein Volksfest statt. Von den einheimischen „Schwaben“ wurde Fridolin keinesfalls freundlich begrüßt. Sie wurden erst durch seine Wundertaten freundlicher. In der heutigen Schweiz soll er einen Mann namens Urso wieder zum Leben erweckt haben, der ihm ein großes Stück Land, den heutigen Kanton Glarus, geschenkt hatte. Dies tat der Heilige nicht ohne Hintergedanken. Der „tote“ Urso sollte nämlich diese Schenkung gegenüber dessen unwilligem Bruder bezeugen. Auch in diesem Landstrich erbaute Fridolin Hilarius-Kirchen. Der Name des heutigen Schweizer Kantons „Glarus“ ist vom Namen Hilarius abgeleitet. Wenn du zum Skifahren oder Wandern in die Schweiz fährst, siehst du vielleicht an der Autobahn das Kantonswappen mit dem Heiligen Fridolin als Pilger.

AUFTRAG: *Verschaffe dir zunächst mit Hilfe eines Atlanten einen Überblick über die Lage der im Text vorkommenden Orte und Gegenden (Poitiers, Bad Säckingen, Kanton Glarus).*

✔ Schreibe einen Bericht über die Wundertat des Heiligen Fridolin, die Wiedererweckung des Schweizers Urso. Überlege dir, wie sich diese Wundertat zugetragen haben könnte. Lasse dabei die verschiedenen Personen zu Wort kommen.

➩ Was hat Urso dazu bewogen, dem Mönch Fridolin ein Stück Land zu schenken?

➩ Wie dachte sein Bruder darüber?

➩ Wie kam es dazu, dass Urso schließlich von Fridolin wiedererweckt wurde?

Ein Wanderer aus Poitiers – Fridolin von Säckingen (Blatt 2)

AUFTRAG: *Der Holzschnitt zeigt den Heiligen Fridolin beim Bau einer Kirche in Straßburg.*

✔ Gestalte das Bild nach eigenen Vorstellungen. – Du kannst es bunt ausmalen, das Bild erweitern, Personen, Sachen und Dinge ergänzen usw.

Es gibt noch viele andere interessante und spannende Heiligenviten, sicherlich auch über Heilige, die in deiner Gegend lebten. Besuche eine Bibliothek und mach' dich schlau. – Professionelle Hilfe bekommst du sicher auch von den Bibliothekaren. Oder erkundige dich beim Pastor/Pfarrer deiner Heimatkirche nach den Heiligen der Gegend.
Sicherlich kann der dir auch etwas über die Heiligenviten erzählen. „Verpflanze" anschließend die Viten der Heiligen in die Gegenwart: Setze sie dazu in eine moderne Sprache und moderne Situationen um.

So könnte z.B der heilige Fridolin ein Grundstück erhalten haben, auf dem der Bruder des Schweizers Urso eigentlich ein Freizeit-Center errichten wollte. Dass Fridolin dort eine Kirche bauen wollte, passte dem gewinnsüchtigen Verwandten natürlich wenig. Er ließ sich entsprechendes einfallen, um ihm diese Schenkung zunächst abzuschwatzen. Als dass nicht funktionierte, verschärfte er seine Methoden ...
Wie diese „Heiligengeschichte" weitergehen könnte, kannst du selbst bestimmen.
Alle anderen Heiligenerzählungen geben aber auch genügend Stoff für moderne Versionen der Heiligenviten her!

DAS IDEALE KLOSTER

Die Geschichte des Mönchtums hat ihren Ursprung in der Antike. Schon in den ersten Jahrhunderten des Christentums schlossen sich Christen zu klösterlichen Gemeinschaften zusammen. Sie verzichteten auf Besitztümer und wollten in strenger Enthaltsamkeit leben. Klostergründungen waren stets mit dem Missionsgedanken verbunden.
Schon Sulpicius Severus, der Biograph des Heiligen Martins, erzählt, wie durch Martins bischöflich-missionarisches Wirken überall „Kirchen und Klöster“ gegründet wurden. Kirchen und Klöster gehörten für den spätantiken Schriftsteller zu einem lebendigen Christentum. Im 6. und 7. Jahrhundert entstanden in der Frühzeit des alemannischen Christentums vermehrt Klöster als „Stützpunkte“ der Mission auch im alemannischen Raum.

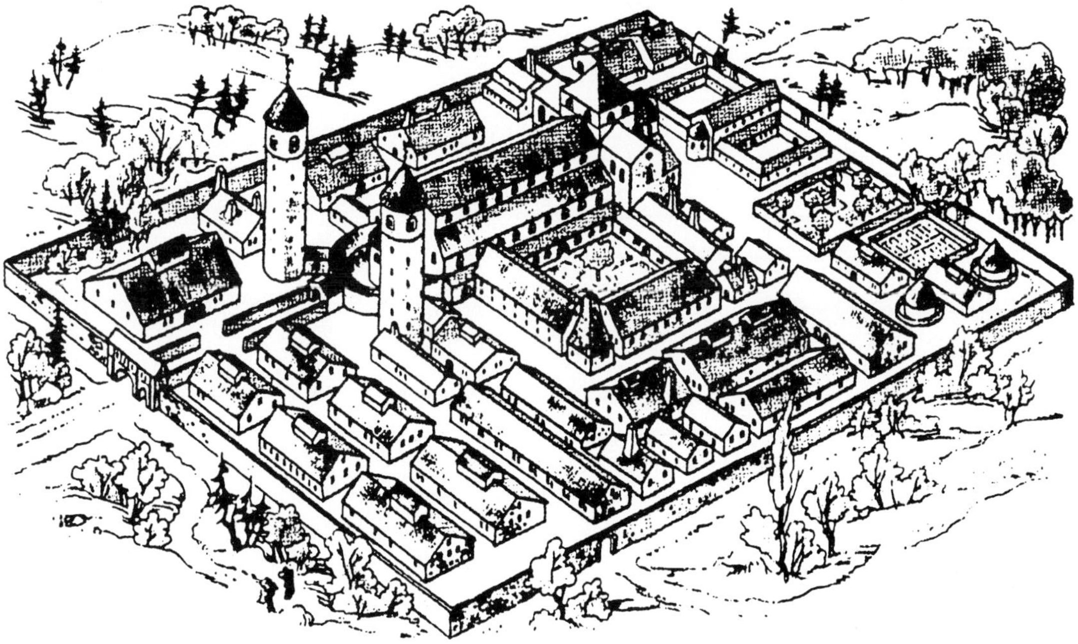

In erster Linie sind dabei die großen Bodenseeklöster St. Gallen und Reichenau zu erwähnen. Die Besitztümer der Klöster lagen meist weit verstreut im Land. Der Klosterbesitz wurde vom „Maierhof“ (= Sitz des Verwalters) aus verwaltet. Bei diesen Höfen konnten sich auch Kirchen befinden, die zu neuen Seelsorgezentren für das Umland wurden.
Die Mönche in einem Kloster versorgten sich selbst. Bei einer Klostergründung wurde auch das Land um das Kloster herum für den Ackerbau entsprechend vorbereitet.
Es wurden Gärten, Ställe, oft auch Weinberge angelegt, um die Eigenversorgung der Klostergemeinschaft zu sichern.
Auf diese Weise entstand eine richtige Anlage, ähnlich einer kleinen befestigten Stadt, mit allen Einrichtungen, die die Mönche zum Leben und zum Lebensunterhalt benötigten.
Wie so eine Klosteranlage aussehen kann, erkennst du auf der Zeichnung oben. Sie zeigt das Kloster St. Gallen in der Schweiz.

AUFTRAG:

- ✔ Beschrifte die Klosterzeichnung mit Hilfe des St. Gallener Klosterplans auf Blatt 2.
- ✔ Welche Gebäude und Einrichtungen kannst du auf dem Klosterplan erkennen? Was verraten sie über das Klosterleben?
- ✔ Wie stellst du dir den Alltag in einem Kloster vor? Erzähle!

Das ideale Kloster (Blatt 2)

Der Klosterplan von St. Gallen

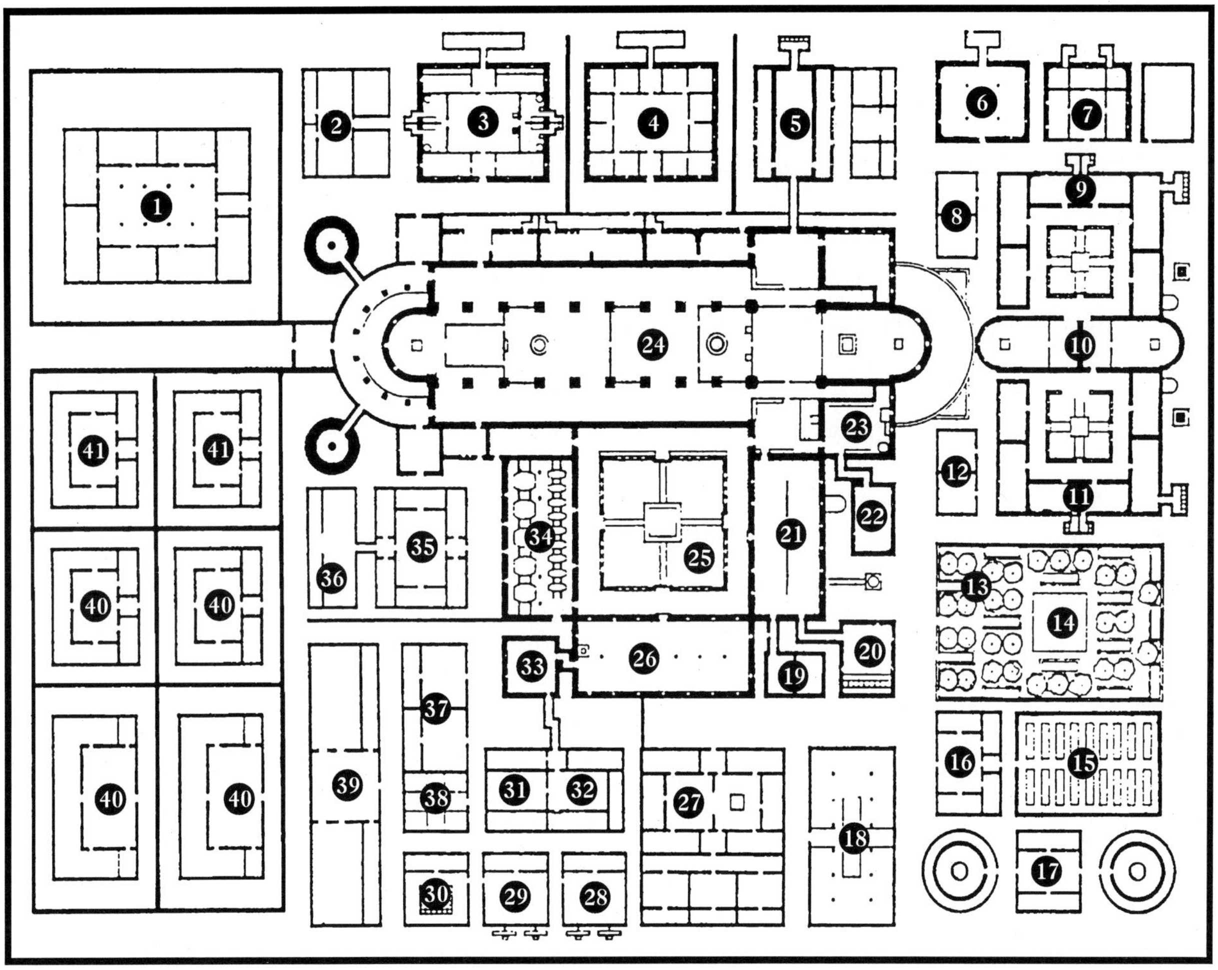

Legende:

1 Gesindehaus
2 Wirtschaftsgebäude
3 Gästehaus (für Höhergestellte)
4 Schule
5 Haus des Abtes
6 Aderlassraum
7 Haus des Arztes
8 Bad
9 Hospital
10 Kapelle
11 Novizenhaus
12 Küche
13 Obstgarten
14 Friedhof
15 Gemüsegarten
16 Haus des Gärtners
17 Geflügelhof
18 Kornspeicher
19 Bäder
20 Aborte (Toiletten)
21 Dormitorium (Schlafsaal)
22 Hostienbäckerei
23 Sakristei
24 Kirche
25 Kreuzgang
26 Refectorium (Essraum)
27 Werkstätten
28 Mühle
29 Stampfe
30 Malzdarre
31 Brauerei
32 Bäckerei
33 Küche
34 Vorratslager
35 Herberge
36 Küche
37 Werkstätten
38 Speicher
39 Zugviehställe
40 Kuh-, Schaf-, Schweine- und Ziegenställe
41 Hirtenunterkünfte

Das ideale Kloster (Blatt 3)

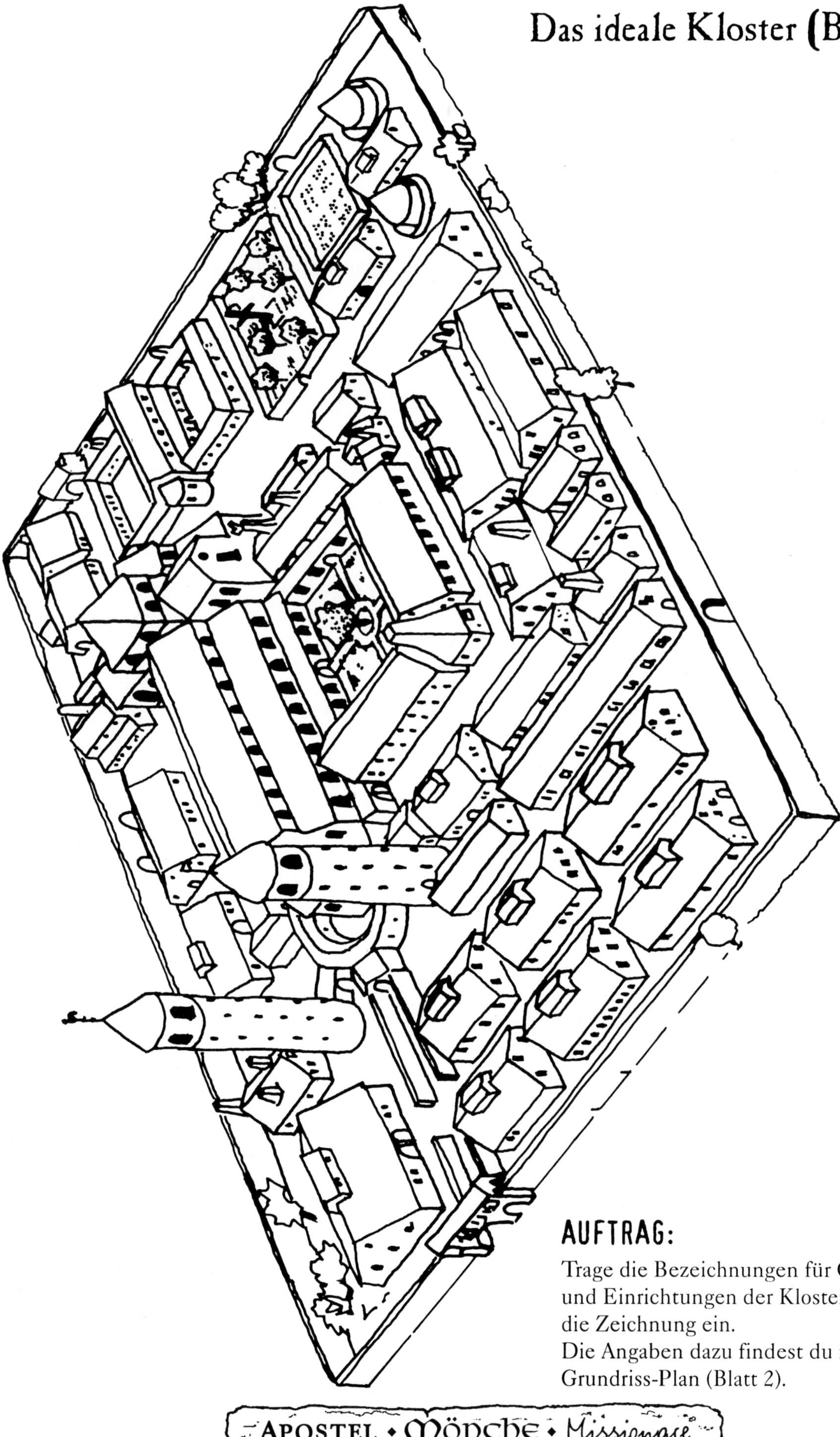

AUFTRAG:

Trage die Bezeichnungen für Gebäude und Einrichtungen der Klosteranlage in die Zeichnung ein.
Die Angaben dazu findest du in dem Grundriss-Plan (Blatt 2).

ORA ET LABORA

Wenn viele Menschen unter einem Dach leben braucht man Regeln – sonst gibt es über kurz oder lang Chaos. Dessen waren sich auch die ersten Nonnen und Mönche bewusst und stellten feste Regeln für das Leben im Kloster auf. Die bekannteste Regel ist die des Heiligen Benedikt von Nursia, der 529 das erste große Kloster in Monte Cassino (Italien) gründete, das zum Mutterkloster der Benediktiner-Ordensgemeinschaften wurde.

Die Benediktiner-Mönche, die Mönche also, die sich dem Heiligen Benedikt anschlossen, schätzten neben dem Gebet auch die körperliche Arbeit. Sie waren mit Ackerbau, Viehzucht und Handwerk vertraut.
Die Ordensregel „Ora et labora“, also „Bete und arbeite“ der Benediktiner-Mönche war nicht nur das Prinzip, nach dem sie ihr eigenes Leben organisierten, sondern sollte auch anderen Christen Vorbild sein.

Tagesplan in einem Benediktinerkloster:

4.00 Uhr: **Laudes**
(Lob Gottes),
danach eine Stunde körperlicher Arbeit.

6.00 Uhr: **Prim**
(Stundengebet zur 1. Tagesstunde),
danach Versammlung im Kapitelsaal.
Im Anschluss eine Stunde körperlicher Arbeit.

9.00 Uhr: **Terz**
(Stundengebet zur 3. Tagesstunde),
danach eine Stunde körperliche Arbeit.
Im Anschluss zwei Stunden
Lesen geistlicher Schriften.

12.00 Uhr: **Sext**
(Stundengebet zur 6. Tagesstunde),
danach gemeinsames Essen.
Im Anschluss zwei Stunden Mittagsruhe.

15.00 Uhr: **Non**
(Stundengebet zur 9. Tagesstunde),
danach zwei Stunden körperlicher Arbeit.

18.00 Uhr: **Vesper**
(Abendgebet),
danach gemeinsames Abendessen.
Im Anschluss zwei Stunden
Lesen geistlicher Schriften.

21.00 Uhr: **Komplet**
(Tagesabschlussgebet).
Im Anschluss Nachtruhe, unterbrochen von der

24:00 Uhr: **Matutin**
(Mitternachtsgebet)

Mein Tagesplan:

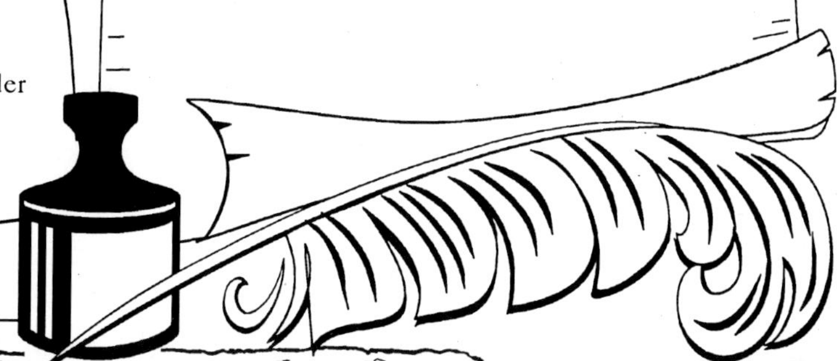

Ora et labora (Blatt 2)

AUFTRAG: *Wie der Alltag eines Benediktinermönches organisiert ist, kannst du an dem Tagesplan auf Blatt 1 ablesen.*

- ✔ Stelle deinen „normalen" Tagesablauf dem eines Benediktinermönches gegenüber!
- ✔ Worauf legt die Benediktus-Regel besonderen Wert, worauf du?
- ✔ Könntest du dir vorstellen, für eine Kurze Zeit (1–2 Wochen) in einem Kloster zu leben und an allen Ritualen und Pflichten der Mönche teilzunehmen? Was würde dir besonders leicht/ schwer fallen? Erkläre deine Meinung dazu.
- ✔ Siehst du am Klosterleben auch Vorteile oder angenehme Seiten, auch wenn es für dich persönlich vielleicht nicht in Frage kommt?

TIPP: Vielleicht befindet sich ein Kloster auch in deiner Nähe. Besuche es, wenn möglich, und befrage die Nonnen und Mönche über ihren Alltag, ihre Aufgaben und die Organisation ihres Klosters! Möglicherweise lässt sich so eine Exkursion auch mit der gesamten Klasse organisieren.

Das Zusammenleben der Benediktiner-Mönche wird in der Benediktus-Regel in 73 Kapiteln erklärt. Auf Blatt 3 findest du alle 73 Kapitel aufgelistet.
Wenn du genau wissen möchtest, was sich hinter den einzelnen Überschriften verbirgt und du über einen Internet-Anschluss verfügst, kannst du unter www.kloster-ettal.de/regel nachschauen.

Die Regel des heiligen Benediktus

1. Die Arten der Mönche
2. Der Abt
3. Die Einberufung der Brüder zum Rat
4. Die Werkzeuge der geistlichen Kunst
5. Der Gehorsam
6. Die Schweigsamkeit
7. Die Demut
8. Der Gottesdienst in der Nacht
9. Die Ordnung der Vigilien[*1] im Winter
10. Die Ordnung der Vigilien im Sommer
11. Die Ordnung der Vigilien am Sonntag
12. Die Laudes am Sonntag
13. Die Laudes an den Werktagen
14. Die Vigilien an den Festtagen
15. Die Zeiten für das Halleluja
16. Der Gottesdienst am Tage
17. Die Psalmen im Gottesdienst am Tag
18. Die Ordnung der Psalmen
19. Die Haltung beim Gottesdienst
20. Die Erfurcht beim Gebet
21. Die Dekane[*2] des Klosters
22. Die Nachtruhe der Mönche
23. Das Vorgehen bei Verfehlungen
24. Die Ausschließung bei leichter Verfehlung
25. Die Ausschließung bei schwerer Verfehlung
26. Unerlaubter Umgang mit Ausgeschlossenen
27. Die Sorge des Abtes für die Ausgeschlossenen
28. Die Unverbesserlichen
29. Die Wiederaufnahme von Brüdern
30. Die Strafe bei Mangel an Einsicht
31. Der Cellerar[*3] des Klosters
32. Werkzeug und Gerät des Klosters
33. Eigenbesitz des Mönches
34. Die Zuteilung des Notwendigen
35. Der wöchentliche Dienst in der Küche
36. Die kranken Brüder
37. Alte und Kinder
38. Der wöchentliche Dienst des Tischlesers
39. Das Maß der Speise
40. Das Maß des Getränks
41. Die Mahlzeiten
42. Das Schweigen nach der Komplet[*4]
43. Die Bußen für Unpünktlichkeit
44. Die Bußen der Ausgeschlossenen
45. Die Bußen für Fehler im Oratorium[*5]
46. Die Bußen für andere Verfehlungen
47. Das Zeichen zum Gottesdienst
48. Die Ordnung für Handarbeit und Lesung
49. Die Fastenzeit
50. Gebetszeiten außerhalb des Klosters
51. Mahlzeiten außerhalb des Klosters
52. Das Oratorium des Klosters
53. Die Aufnahme der Gäste
54. Die Annahme von Briefen und Geschenken
55. Kleidung und Schuhe der Brüder
56. Der Tisch des Abtes
57. Mönche als Handwerker
58. Die Ordnung bei der Aufnahme von Brüdern
59. Die Aufnahme von Kindern
60. Die Aufnahme von Priestern
61. Die Aufnahme fremder Mönche
62. Die Priester des Klosters
63. Die Rangordnung der Gemeinschaft
64. Einsetzung und Dienst des Abtes
65. Der Prior[*6] des Klosters
66. Die Pförtner des Klosters
67. Brüder auf Reisen
68. Überforderung durch einen Auftrag
69. Eigenmächtige Verteidigung eines Bruders
70. Eigenmächtige Bestrafung eines Bruders
71. Der gegenseitige Gehorsam
72. Der gute Eifer der Mönche
73. Die Regel als Anfang unseres Weges zur vollen Gerechtigkeit

*
1 nächtliches Gebet der mönchischen Gebetsordnung
2 Zwischeninstanz zwischen Bischof und Pfarrer
3 Wirtschafts- und Finanzverantwortlicher des Klosters
4 Abend- und Schlussgebet
5 Betraum
6 Abt oder sein Stellvertreter

Fleißige Mönche

Kalligraphie

Die Regel des Heiligen Benedikt, die den Mönchen immerzu fleißige Arbeit aufträgt, ist nicht nur in den Werkstätten, im Garten oder auf dem Feld, sondern auch in den Schreibstuben der Klöster erfüllt worden. Seite für Seite wurden die Bibel oder Schriften antiker Schriftsteller, Dichter und Philosophen abgeschrieben und so der Nachwelt überliefert – und auch eigene Forschungen veröffentlicht.
Die Klosterbibliotheken bewahrten das überlieferte Wissen und retteten alte Schriften nicht selten vor dem Zerfall. Den Büchern kam eine besondere Bedeutung zu. Sie wurden in kostbare Einbände gebunden, die Seiten gerieten mit Zeichnungen und Verzierungen zu Kunstwerken. Das Fremdwort für diese Art des Schreibens heißt „Kalligraphie", die Kunst des Schönschreibens.

Die Abbildung links zeigt zwei kalligraphisch gestaltete Lesungen aus dem Lukasevangelium: das Gastmahl beim Zöllner (Lk 5,26) und die Rede Jesu über Johannes (Lk 7,28).
Im Original ist diese Seite natürlich bunt und mit reichlich Gold verziert. Der Künstler hat in die zwei Initialen (große Anfangsbuchstaben) kleine Illustrationen eingefügt. Diese großen „I" stehen für die Worte „In illo tempore", also „In jener Zeit", die jede Evangelienlesung einleiten.

AUFTRAG: ✔ Gestalte „auf den Spuren der Mönche" eine Seite kalligraphisch. Als Textvorlage kannst du Mt 6,9–15 oder jede andere Stelle aus dem Alten oder Neuen Testament nehmen.

DU BENÖTIGST: ✔ die Bibel, schönes Papier (z.B. sogenannte „Elefantenhaut"), Tusche und Feder zum Schreiben, Wasserfarben, Pinsel

Fleißige Mönche – Kalligraphie (Blatt 2)
... und so geht es:

Wähle zunächst eine geeignete Textstelle aus. Sie sollte nicht zu lang sein und etwa eine DIN-A4-Seite füllen.

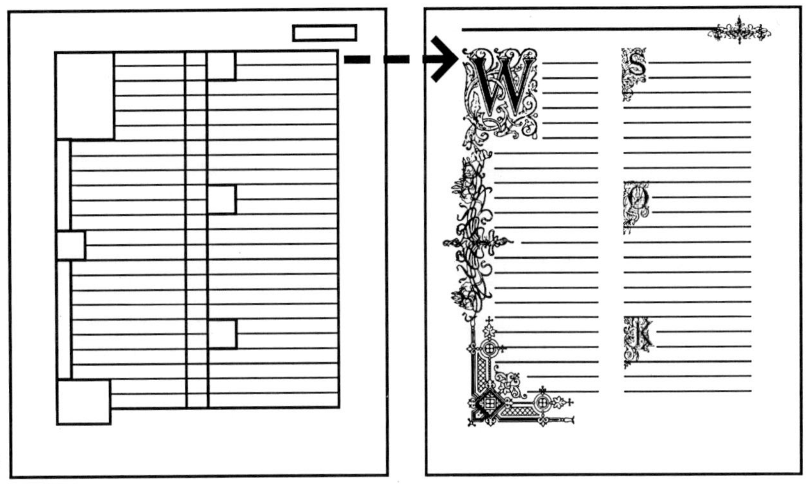

Unterteile dann das Blatt Papier: Zeichne Linien im Abstand von ca. 1 cm. Überlege, an welchen Stellen du Schmuckelemente einbauen willst (z.B. Ornamente am Rand, Illustrationen zwischen den Textstellen oder sogenannte „Initialen“, d.h. besonders geschmückte Anfangsbuchstaben) und spare den Platz dafür aus. Skizziere dann die einzelnen Elemente auf dem Blatt.

Für das Ausgestalten deiner Seite findest du hier ein paar Anregungen:

RÖMISCHE KAPITALIEN:

A B C D E F G H I J K L M N
O P Q R S T U V W X Y Z
1 2 3 4 5 6 7 8 9 0

MITTELALTERLICHE UNZIALE:

A B C D E F G H I J K L M N
O P Q R S T U V W X Y Z
1 2 3 4 5 6 7 8 9 0

CHRISTEN AN DIE WAFFEN?!

Dürfen Christen töten? Diese Frage stellen sich immer wieder viele Christinnen und Christen – und sind sich über die Antwort uneins. Unterschiedliche Meinungen zum Dienst an der Waffe kannte schon die „Alte Kirche".

Der Heilige Augustinus schrieb:
„Wenn ein Soldat auf Befehl einen Menschen tötet, so ist er nach keinem Gesetz seines Staates des Mordes schuldig; im Gegenteil, wenn er anders handelt, macht er sich der Befehlsverweigerung und -mißachtung schuldig."

Der Kriegsdienstverweigerer und Märtyrer Maximilian sagte 295 in seinem Musterungsgespräch:
„Ich kann keinen Kriegsdienst leisten, denn ich kann als Christ nichts Übles tun."

Bischof Athanasius äußerte sich in einem Brief:
„Während es sonst verboten ist, ist es im Krieg löblich, die Feinde zu zerschlagen; wer sich dabei auszeichnet, wird großer Ehren gewürdigt."

Der Heilige Martin von Tours erklärte 356 in Worms vor Kaiser Julian:
„Kaiser, bis heute habe ich für dich gekämpft. Nunmehr laß mich für Gott kämpfen. Ich bin jetzt ein Soldat Christi. Mit der Waffe darf ich nun nicht mehr kämpfen (und töten)."

AUFTRAG: *Du siehst hier verschiedene altkirchliche Aussagen zum Kriegsdienst.*

- ✔ Welche Ansichten zum Thema Kriegsdienst werden in den Zitaten deutlich?
- ✔ Welche Position hältst du für richtig? Begründe!
- ✔ Wie stehst du persönlich zum „Dienst an der Waffe"?
- ✔ Spielt der Glaube für dich bei dieser Entscheidung eine Rolle? Wenn nicht, von welchen Überlegungen lässt du dich dann leiten?

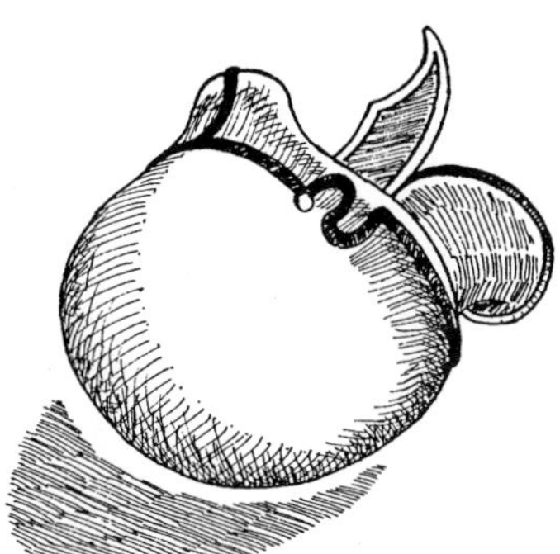

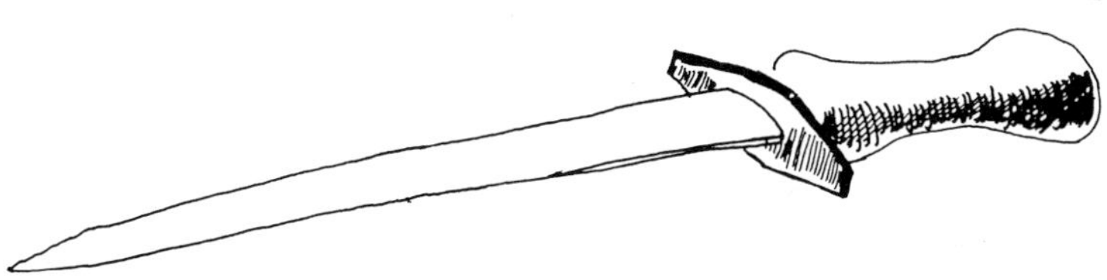

POWERFRAUEN IN DER KIRCHE!

„Das Weib schweige in der Kirche“ – es scheint, dieses Pauluszitat sei auch heute noch vielfach in der Kirche Wirklichkeit. Kirchengeschichte und -politik wurden und werden in der Regel nur von Männern gemacht – Frauen sind nur die stille Zier. Stimmt das so wirklich?

AUFTRAG: *Du findest hier zwei kurze Porträts von Frauen, die mutig und ungewöhnlich waren: eben Frauen, die die Kirche prägten.*

✔ Versuche, mehr über diese und andere „Kirchen-Powerfrauen“ herauszubekommen (z.B. in Heiligenlexika oder auch im Internet).
Wähle eine der Kirchen-Powerfrauen aus und stelle ihre Biographie der Klasse vor.
Du kannst zwischen verschiedenen Formen der Präsentation wählen, z.B. Hörspiel, Geschichte, Referat, (Wand-)Zeitung, Collage oder Bildergeschichte.

I. Perpetua und Felicitas

Perpetua, ein reiches und außerordentlich hübsches Mädchen, und ihre Sklavin Felicitas wurden verhaftet, weil sie sich als Katechumenen auf die Taufe vorbereiteten. Beide gingen wegen ihres Glaubens ins Gefängnis und ließen sich kurz vor ihrem Tod taufen. Der Vater Perpetuas hatte zwar verzweifelt versucht, sie zur Umkehr zu bewegen: „Hab Mitleid, Mädchen, mit meinen grauen Haaren! ... Mach mir doch jetzt keine Schande vor den Menschen! ... Lege deinen Starrsinn ab, richte uns nicht alle zugrunde! ... Niemand von uns kann sich ja noch sehen lassen, wenn dir etwas passiert!“

Aber es nützte nichts, Perpetua blieb ihrer Überzeugung treu – wie auch ihre Sklavin Felicitas, die zwei Tage vor ihrer Hinrichtung noch ein Kind zur Welt brachte. Beide wurden mit anderen Christen bei einer Vorführung, die Kaiser Septimus Severus zum Geburtstag seines Sohnes abhalten ließ, im Zirkus wilden Tieren vorgeworfen und dabei schwer verletzt. Die Legende erzählt, dass Perpetua daraufhin zuerst ihre Haare wieder geordnet habe, weil es sich nicht gehöre, während der Verherrlichung zum ewigen Leben ein ungepflegtes oder gar trauriges Bild abzugeben. Dann ging sie dem anscheinend noch unerfahren Henker, der sie zu erdolchen hatte, zur Hand, und half ihm, ihre Kehle zu durchschneiden. Dies geschah 202/203 in Karthago beim heutigen Tunis. Bald schon wurde über dem Grab von Perpetua und Felicitas eine Kirche erbaut. Sie gehören zu den ersten Märtyrern des Christentums, deren Geschichte zuverlässig überliefert ist.
Perpetua verfasste im Gefängnis tagebuchartige Aufzeichnungen, in denen sie die Ereignisse dieser Zeit schildert, die noch heute erhalten sind.

Powerfrauen in der Kirche! (Blatt 2)

II. Monika

Monika ist die Mutter des großen Theologen Augustinus, dessen Gedanken sowohl die katholische als auch später die evangelische Kirche prägen. Monika bekehrte zuerst ihren Mann Patritius und hatte auch ihren Sohn bereits als Katechumenen (Taufbewerber) „angemeldet“, erlebte aber dann, wie er alles andere als ein gottesfürchtiger junger Mann wurde. Er führte ein wildes, ausschweifendes Leben mit viel „Wein, Weib und Gesang“.
Augustinus „floh“ vor seiner Mutter von Karthago nach Rom. Monika betete mit aller Kraft, ihr Sohn möge doch zum Glauben finden. Sie reiste ihrem Sohn nach und erlebte dann in Mailand den positiven Einfluss des Bischofs Ambrosius auf Augustinus. In Ambrosius sah sie nun den Vollstrecker ihrer Gebete. Ein halbes Jahr nach der schließlich erfolgten Taufe ihres Sohnes machte sie sich in seiner Begleitung auf die Heimreise nach Afrika, unterwegs starb sie in Ostia, dem „Hafen Roms“, an Fieber. In seinen berühmten „Confessiones“ („Bekenntnissen“) bedankt sich Augustinus bei seiner Mutter für ihren Einsatz, der schließlich zu seiner Bekehrung führte.
Monikas Grab findet man heute noch in Rom. Sie fand dort ihre letzte Ruhe in der ihr gewidmeten Kapelle in der Augustinus-Kirche. Monika wurde aufgrund ihrer Sorge um das Wohl ihres Sohnes und ihres mütterlichen Einsatzes zur Patronin der Mütter erhoben.

Kirchengeschichte im Internet

Hast du Zugang zum Internet? Ja? Dann nichts wie ran an den Computer und die Adresse http://www.autobahnkirche.de/geschichte/1jahrtausend.html#1 angewählt.

Dort erhältst du Informationen über alle Themenbereiche: vom Christentum in Palästina über Rom bis hin zu unserer Zeit.

AUFTRAG:

- ✔ Wähle einen Themenbereich dieser Mappe aus und mache dich im Internet auf weitere Informationssuche.
- ✔ Stelle nach deinem www-Besuch die „Forschungsergebnisse" der Klasse vor. – Vielleicht kennst du ja noch weitere interessante Internet-Seiten!

Nützliche Netz-Adressen:

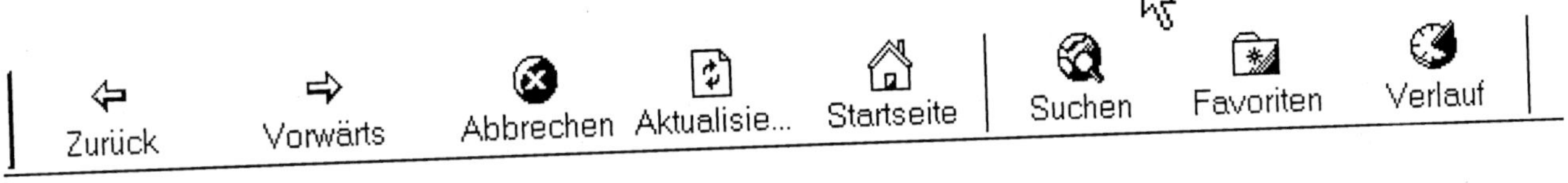

http://www.ekd.de
Website der evangelischen Kirche in Deutschland

http://www.autobahnkirche.de
Website der Katholischen Glaubensinformation (kgi)

http://www.katholische-kirche.de
Website der Katholischen Kirche in Deutschland

http://www.vatican.va
Website des Vatikans

http://www.kath.de
private „katholische" Website – u.a. mit Links zu den Bistümern Deutschlands

Suchmaschinen

http://www.christweb.de
Suchmaschine für christliche Inhalte

http://www.web.de
die deutschsprachige Suchmaschine

http://www.altavista.de
sehr ausführliche Suchmaschine

DU BENÖTIGST: Computer mit Internetanschluss

In diesem kleinen Lexikon findest du die Erklärungen zu allen wichtigen Begriffen der einzelnen Kapitel. Stößt du im Lexikontext auf ein mit ⇨ markiertes Wort (z.B. ⇨Limes), findest du die Erklärung dazu unter dem jeweiligen Begriff (in diesem Fall müsstest du unter „Limes" nachschlagen).

Alemannen Ein westgermanischer Stamm, hervorgegangen aus unterschiedlichen Heerhaufen, die im Bereich der mittleren und unteren Elbe (Sweben) angesiedelt waren.
Der Neustamm der Alemannen war seit dem 2./3. Jh. im Vorfeld des ⇨*Limes* ansässig und wurde erstmals im Jahre 213 erwähnt. Wiederholte Vorstöße der Alemannen führten zum Fall des Limes (259/60) und zur Besiedlung des römisch besetzten Gebietes.
Archäologische Funde belegen einen ständigen Zuzug der Alemannen aus Mittel-Deutschland und Böhmen im 4./5. Jh. Nach 454 dehnten sich die Alemannen bis ins Elsass und die Nord-Schweiz aus.
Um 500 wurden sie durch den Frankenkönig ⇨*Chlodwig* besiegt und aus dem Maintal verdrängt. Im 8. Jh. ging das alemannische Stammesherzogtum unter, entstand jedoch im 10. Jh. von neuem als Herzogtum Schwaben. In der weiteren Entwicklung gliederte sich der Stamm der Alemannen in Schwaben, Deutschschweizer, Elsässer und Vorarlberger.

Apostel [griech. »Sendbote«] **1)** Einer der 12 von Jesus zur Verkündigung seiner Lehre ausgewählten Jünger. Dazu zählen: ⇨*Petrus*, Andreas, Jakobus d. Ältere (Jakobus Zebedäi), Johannes, Philippus, Bartholomäus, Matthäus, Thomas, Jakobus d. J. (Jakobus Alphäi), Thaddäus, Simon und Judas, nach dessen Verrat Matthias hinzugewählt wurde (Mt 10,1–4; Mk 3,13–19; Lk 6,13–16).
Als Apostel der Heiden nahm auch ⇨*Paulus* die Berufung durch Christus an (Gal 1).
2) Die frühchristliche Überlieferung sieht auch die ⇨*Evangelisten* als Apostel bzw. deren Nachfolger an.
3) Ehrenname für bed. Missionare des frühen Christentums (z.B. ⇨*Bonifatius*, der Apostel der Deutschen, die Slawenapostel Kyrillos und Methodios).

Apsis [griech. »Bogen«, »Wölbung«] (Apside). Ein halbrunder Raum, meist mit einer Halbkuppel überwölbt.
Im frühchristlichen und romanischen Kirchenbau bildete die Apsis den Chorabschluss des Langhauses einer Kirche.

Augustinus Aurelius, lat. ⇨*Kirchenlehrer*, ✱ Tagaste (Numidien) 13. 11. 354, † Hippo Regius (N-Afrika) 28. 8. 430. Sohn der Christin Monika, war Lehrer der Redekunst in Tagaste, Karthago, Rom und Mailand. Wurde nach seiner Bekehrung (386) von Ambrosius 387 getauft und war seit 395 Bischof von Hippo Regius.
Seine Schriften hatten sehr großen Einfluss auf die abendländische Theologie und Philosophie.

B

Basilika [griech. basiliké »Königshalle«] In hellenistisch-römischer Zeit war es eine lang gestreckte Gerichts- oder Markthalle, meist durch Stützen unterteilt. – Oft auch mit einer ⇨*Apsis* für den Sitz des Richters versehen.
Der Name Basilika wurde dann auf den christlichen Kirchenbau übertragen. Die frühchristliche Basilika besteht aus einem Mittelschiff (Mittelteil des Kirchengebäudes), das sich zwischen je einem oder je zwei schmaleren und niedrigeren Seitenschiffen befindet. Vor der Eingangsseite befindet sich oft ein Vorhof (Atrium, auch Paradies genannt), den Säulenhallen umgeben. Die Basilika blieb die im Abendland vorherrschende Grundform des Kirchenbaus.

Benedikt von Nursia Mönch und Ordensgründer, ✻ bei Nursia (heute Norcia, Prov. Perugia) um 480, † Monte Cassino 21. 3. 547 (Italien).
War Abt des von ihm gegründete Stammklosters der Benediktiner-Mönche in Monte Cassino bei Neapel (um 529).
Wurde durch die von ihm verfasste »Regula« (Regel des Benediktinerordens) ein Vater des abendländischen Mönchtums.
Wird als Heiliger verehrt (Tag: 11. 7.). Er gilt als Patron für eine gute Sterbestunde. Auf Bildern wird er mit den Zeichen Buch und Abtstab dargestellt.

Bonifatius (eigtl. Winfried) Der „⇨*Apostel* der Deutschen«, ✻ Wessex 672/673 (angelsächsisches Teilkönigreich in Südwestengland), † (erschlagen) bei Dokkum (niederländische Stadt in der Provinz Friesland) 5.6. 754.
Ein angelsächsischer Benediktinermönch und ⇨*Glaubensbote.*
Er predigte seit 716 das Christentum in Friesland, Hessen, Thüringen und Bayern und wurde 722 in Rom zum Bischof geweiht. Nachdem er erfolgreich die Germanen missioniert hatte und zahlreiche Kirchen aufgebaut hatte, wurde Bonifatius 732 schließlich zum Erzbischof und zum Legaten für Deutschland ernannt.
Er gründete u.a. die Klöster Fritzlar, Tauberbischofsheim, Fulda und die Bistümer Salzburg, Freising, Passau, Regensburg, Erfurt, Würzburg und Eichstätt. 747 übernahm Bonifatius das Bistum Mainz. Sein Grab befindet sich im Dom zu Fulda. Er wird als Heiliger verehrt (Tag: 5. Juni).

C

Chlodwig I. Fränkischer König (Merowinger). Gründer des Frankenreiches, ✻ um 466, † Paris 27.11. 511; Sohn Childerichs I.
Seit 482 war Chlodwig der König der salischen Franken.
486 be-seitigte er den Rest der Römerherrschaft in Gallien und eroberte das Gebiet zwischen Somme und Loire.
Um 492/493 heiratete Chlodwig I. die burgundische Königstochter Chrodehildis. Sie überredete ihn (496) zur Annahme des christlichen Glaubens.
Chlodwig I. unterwarf 496 die Alemannen zwischen Main und Alpen und 507 das Westgotenreich zwischen Loire und Garonne und schuf schließlich ein fränkisches Einheitsreich, das vom

Rhein bis zur Garonne reichte. Die Residenzstadt war Paris. Durch seine Förderung des christlichen Glaubens verschuf er der christlichen Religion die Stellung einer Staatsreligion.

Christenverfolgungen

Zur Christenverfolgung zählten die Versuche der römischen Kaiser und Statthalter das Christentum als staatlich nicht anerkannten Kult zu verbieten.
Die erste Christenverfolgung unter Kaiser Nero (64) beschränkte sich auf die Christengemeinde in Rom.
Auch unter Domitian (95) wurden Christen verfolgt. Kaiser Trajan bestimmte schließlich um 112, dass nach Christen nicht gefahndet werden durfte und dass anonyme Anzeigen unberücksichtigt bleiben sollten.
Wer jedoch überführt wurde, Christ zu sein, war (mit dem Tod) zu bestrafen, denn die Anhänger des Christentums galten als Staatsfeinde. Der Kaiser ⇨*Decius* (249) und Valerian (257) ordneten die ersten Christenverfolgungen an, die sich auf das gesamte römische Reich bezogen.
Die letzte Christenverfolgung fand am Anfang des 4. Jh. unter Diokletian statt. Unter ⇨*Konstantin* dem Großen wurde das Christentum 313 als Staatsreligion anerkannt.

D

Decius

Gaius Messius Quintus D. Traianus, römischer Kaiser; *Budalia (bei Sirmium, heute Sremska Mitrovica in der Wojwodina) um 200, † bei Abrittus (heute Rasgrad, Bulgarien) 251.
Unter Decius kam es 249 zu einer reichsweiten Christenverfolgung, er fiel im Kampf gegen die Goten.

E

Evangelisten

Seit dem 3. Jh. ist dies die Bezeichnung für die mutmaßlichen Verfasser der vier Evangelien: Matthäus, Markus, Lukas und Johannes.
In der kirchlichen Überlieferung gelten die Evangelisten als ⇨*Apostel* bzw. deren Nachfolger.
Seit dem 4. Jh. werden die 4 Evangelisten mit Sinnbildern, den sogenannten Evangelistensymbolen, dargestellt: Löwe = Markus, Mensch = Matthäus, Stier = Lukas, Adler = Johannes.

G

Gemeinde (frühchristliche)

Die Gemeinde ist im Neuen Testament die Gesamtheit (Apg 2,47) derer, die Jesus als ihren Erlöser und Herrn ansehen. Sie trifft sich regelmäßig oder nach Gelegenheit zum gemeinsamen Gottesdienst und hält auch im Alltag Gemeinschaft miteinander. Zur Aufnahme in die Gemeinde gehört die Taufe.
Anfänge im römischen Reich: Keimzelle aller Gemeinden war die Jerusalemer Urgemeinde, aber auch palästin. Christengruppen in Judäa und Galiläa. Bedingt durch das Ausweichen der Christen vor Verfolgungen durch die jüd. und röm. Behörden, kam es zu einer ersten Missionswelle. ➠

Einen gewaltigen Aufschwung nahm die Zahl der Gemeinden allerdings erst durch die gezielte Arbeit einiger Missionare („⇨*Apostel*«), unter denen Paulus die größte Bedeutung gewinnen konnte (Heidenmission). Begünstigt durch die Bedingungen des Röm. Reiches breiteten sich die Gemeinden bis nach England aus. Den Gemeinden gehörten zur Zeit der ⇨*„konstantinischen Wende«* (312) im Röm. Reich etwa 15% der Bevölkerung an. Der Einfluss der auch umfassend gebildeten christlichen Bewegung wuchs so stark, dass Kaiser ⇨*Konstantin I.*, d. Gr., in der christlichen Minderheit die geistige und politische Kraft der Zukunft sah.
Nach der »konstantinischen Wende« nahm die Zahl der Christen rasch zu, bis Kaiser ⇨*Theodosius I., d. Gr.* 380/381 das Christentum zur ⇨*Staatsreligion* erklärte.
Aufgaben: Die Gemeinden waren besonders im sozial-karitativen Bereich tätig, finanziert durch Spenden der Mitglieder. Auch kümmerten sie sich um eine würdige Bestattung ihrer Toten und beteten für das Heil der Toten im Jenseits.

Grabbeigabe (Totengabe) Einem Toten ins Grab mitgegebener Gegenstand, der im Jenseits helfen soll. Mit der Ausbreitung des Christentums nahmen Grabbeigaben christliche Formen an. Eindeutiges christliches Zeichen ist das Anhängerkreuz. Auch Schmuckgegenstände wie etwa Gürtelschnallen waren mit christlichen Symbolen verziert.

Glaubensboten Bezeichnung für iroschottische und französische Mönche, die seit dem 6. Jahrhundert auf dem europäischen Festland missionierten. Die bekanntesten sind ⇨*Bonifatius*, der ⇨*»Apostel* der Deutschen«, und im süddeutschen Raum Columban, Fridolin, Gallus, Landelin, Pirmin und Trudpert.

H

Hauskirche Bezeichnung für die ersten Kirchengebäude der christlichen Gemeinde. Hauskirchen waren normale Wohnhäuser, die die christlichen Gemeinden zum Gottesdienst nutzten. Eine der ältesten Hauskirchen, die heute noch bekannt sind, ist die Hauskirche von Dura am Euphrat aus dem 3. Jahrhundert.

Heilige Menschen, die in besonderer Weise Vorbilder oder ⇨*Märtyrer* des Glaubens sind: Im Islam sind es die »Freunde Gottes« (Wali Allah); im Buddhismus die »Erleuchteten« (Buddhas und Bodhisattvas); im N.T. die Mitglieder der Gemeinde Jesu Christi (z.B. 1.Kor. 1,2; Kol. 3,12).
Seit dem 10. Jh. (993) werden in der kath. Kirche Märtyrer nach ihrem Tod einem Heiligsprechungsprozess unterzogen.
Die Heiligsprechung bedarf der Bestätigung durch den Papst.
In der Gesamtkirche gelten Heilige als Fürbitter und Vermittler zwischen Gott und den Menschen.

Karolinger Fränkisches Herrschergeschlecht aus dem Maas- und Moselgebiet, das nach Karl dem Großen benannt wurde. Die Karolinger sind hervorgegangen aus einer Verbindung der Nachkommen von Arnulf von Metz (die Arnulfinger) und Pippins I., d. Ä. (die Pippiniden).
Sie erlangten 751 die Königswürde. Durch die Enkel Karls des Großen teilte sich das Geschlecht der Karolinger in drei Hauptlinien. Die älteste, von Kaiser Lothar I. gegründete Linie, regierte in Lotharingien und in Italien.
Die 2. Linie ging von Ludwig dem Deutschen aus.
Dieses Geschlecht herrschte in Deutschland und endete 911 mit Ludwig dem Kind. Die 3. Linie, deren Stammvater Karl der Kahle ist, regierte bis 987 in Frankreich. Der Aufstieg der Karolinger bewirkte, dass sich das Machtzentrum Europas vom Mittelmeer nach Frankreich und Deutschland verlagerte.

Katakombe Die Katakomben sind unterirdische Begräbnisanlagen der ersten Christen im Mittelmeerraum.
Sie sind mit ausgedehnten, sich labyrinthisch verzweigenden Gängen versehen und können auch in mehreren Stockwerken übereinander liegen. Die Toten wurden in Grabnischen der Seitenwände beigesetzt.

Kirchenlehrer Seit dem 4. Jh. ist dies in der Kirche die Bezeichnung für wegweisende Theologen, die sich durch Rechtgläubigkeit und Gelehrtheit auszeichnen. Seit dem 16. Jh. wurden Kirchenlehrer durch den Papst ernannt. 1970 waren es zum ersten Mal Frauen (Theresia von Ávila und Katharina von Siena), die durch Papst Paul VI. zu Kirchenlehrerinnen ernannt wurden.

Kirchenväter Ein Ehrentitel der frühchristlichen ⇨Kirchenlehrer und Kirchenschriftsteller des 2.–7. Jh.
Sie vereinigten in ihren Werken die beginnende christliche Theologie mit dem geistigen Erbe der griechisch-römischen Antike.

Kloster [von lat. claustrum »abgeschlossener Ort«] Klöster sind gegenüber der Außenwelt abgeschlossene Lebensbereiche einer Nonnen- oder Mönchsgemeinschaft. Sie kommen in verschiedenen Religionen vor.
Die christlichen Klöster haben ihre Wurzeln im frühchristlichen Mönchtum des 3. Jh.
Der Ägypter Pachomius begründete das Kloster, so wie wir es heute verstehen, in dem er die bis dahin als Einsiedler lebenden Mönche einer für alle verbindlichen Regel (Zönobitentum) unterstellte.
Ein Vater des abendländischen Mönchtums ist ⇨*Benedikt von Nursia*, dessen Regel zur Hauptordnung der europäischen Klöster wurde. ➠

Klöster waren seit dem frühen Mittelalter geistige und wirtschaftliche Mittelpunkte und übten auf verschiedenen Gebieten (Kultur, Wissenschaft etc.) Einfluss auf das Leben außerhalb der Klostermauern aus.
In der katholischen und in den orthodoxen Kirchen haben die Klöster immer noch große Bedeutung. In der evangelischen Kirche wurden sie durch die Reformation beinahe ganz aufgehoben. Man versucht jedoch wieder vermehrt das Klosterleben auch in der evangelischen Kirche aufleben zu lassen.
Die Art der Klosteranlagen ist aus den Einsiedlerkolonien in Ägypten und Palästina hervorgegangen.
Schon der Ägypter Pachomius (um 320) formte die Kolonie durch Umschließung mit einer Mauer, den Einbau einer Kirche, gemeinsame Speise-, Wohn-, Bücherräume zu einem Kloster.
Das älteste erhaltene Zeugnis einer Klosteranlage ist der Plan von St. Gallen (um 820). Dieser Anlage entsprechen die meisten Klöster in ihrem Aufbau. Auf der Südseite der Anlage befindet sich die Kirche.
Daran schließt sich der Kreuzgang an, den Gebäude des gemeinsamen Lebens umgeben: der Speisesaal (Refektorium, meist gegenüber der Kirche und parallel zu ihr), der Kapitelsaal und der Schlafsaal (Dormitorium, später manchmal über dem Kapitelsaal). Um diese Gebäude, die sich zu einer Einheit zusammenfügen, sind weitere Bauten und Anlagen errichtet. Darunter sind: Abts-, Arzt-, Schul-, Novizen-, Gäste-, Krankenhaus, Bibliothek, Ställe, Wirtschaftsgebäude, Gärten, Friedhof.

Konstantin der Große (lat. Flavius Valerius Constantinus) Kaiser von 306 bis 337, ✻ Naissus (heute Niš, Stadt in Serbien) 27. 2. 272 oder 273 (oder um 280?), † bei Nikomedia (heute Izmit, türkische Hafenstadt) 22. 5. 337.
Sohn des Constantius I. Chlorus; besiegte 312 seinen Gegner Maxentius an der Milvischen Brücke und wurde Alleinherrscher. Konstantin unterstützte das Christentum und legte damit die Grundlagen zu dessen Entwicklung zur ⇨*Staatsreligion.*
Die Geschichtsschreibung spricht dabei von der ⇨ *»konstantinischen Wende«*. 330 verlegte er den Kaisersitz von Rom nach Byzanz (Konstantinopel).
Konstantin vollendete die Umgestaltung der inneren Ordnung des Römischen Reiches und sicherte die Grenzen seines Reiches gegen die Franken, Alemannen, Goten und Sarmaten.
Vor seinem Tod ließ er sich von Bischof Eusebius taufen. Die Hinrichtung seines ältesten Sohnes Crispus und seiner Gattin Fausta waren wenig ruhmreich, trotzdem sieht die christliche Überlieferung Konstantin als Vorbild des wahren Herrschers.
Er gehört zu den Heiligen der Armen in der griechischen und russischen Kirche; Tag: 21. 5. Nach Konstantins Tod teilten seine Söhne Konstantin II., Constantius II. und Constans das Reich unter sich auf.

„konstantinische Wende« ⇨*Konstantin*

Limes [lat. »Grenzweg«, »Grenze«, »Grenzwall«] In der römischen Kaiserzeit waren es die Reichsgrenzen, die seit dem späten 1. Jh. durch Befestigungen zusätzlich verstärkt wurden.
Ganz besonders bekannt ist der Obergermanisch-Rät. Limes, der (etwa 500 km lang) die Provinz Obergermanien und Rätien zw. Rhein und Donau gegen die germanischen Völker abschottete. Der Bau des Limes wurde unter Domitian Ende des 1. Jh. begonnen.
Er ließ auch entlang des Limes Beobachtungsstationen (Holztürme) errichten, die miteinander Sichtverbindung hatten.
In den weiteren Jahren wurde diese Anlage ständig vervollkommnet. Unter Hadrian wurde dann eine Holzpalisade angelegt und im 3. Jh. dahinter Graben und Wall. Unter Caracalla wurde die Palisade des L. durch eine Steinmauer, die sogenannte Teufelsmauer, ersetzt. Zusätzlich sicherte man den Limes durch mehr als 1000 Wachtürme und über 100 hinter der Grenze liegenden Kastelle.
Die Anlage verfiel Ende des 3. Jh. Heute sind die Reste des Limes streckenweise noch gut erkennbar.
Der Obergermanische Limes (382 km lang) begann nördlich von Rheinbrohl bei Neuwied, zog südöstlich über Bad Ems zum Taunus, umschloss die Wetterau, überschritt die Kinzig bei Großkrotzenburg, benutzte den Main bis Wörth und ging südwärts zum Neckar.
Später verschob man ihn ca. 20–30 km östlich in die Linie Miltenberg/Lorch. Im rechten Winkel schloss an dieser Stelle der Rät. L. an.

Martin von Tours Bischof, Asket, ⇨*Apostel* Galliens, ✱ Sabaria (heute Szombathely, Ungarn) 316/317, † Candes (heute Candes-Saint-Martin, Dép. Indre-et-Loire) 8. 11. 397.
Martin war der Sohn eines römischen Tribuns. Er war zunächst Soldat. Mit 18 Jahren ließ er sich taufen, verließ die römische Armee und wurde Schüler des Hilarius von Poitiers. 361 gründete er in Ligugé das erste Kloster auf gallischem Boden.
Seit 371 war Martin Bischof von Tours und wurde zum Leitbild des abendländischen Mönchtums. Besonders bekannt wurde Martin durch die Mantelteilung. Er wird als Heiliger verehrt, (Tag: 11. 11. Martinstag).

Märtyrer (Martyrer) [griech.-lat., eigtl. »Zeuge«]
Ein Märtyrer ist jemand, der um seines Glaubens oder seiner Überzeugung willen Verfolgung oder Tod erleidet.

Märtyrerakte Protokolle über Märtyrerprozess

Martyrium [zu ⇨*Märtyrer*] 1) Ein schweres Leiden oder Tod um des Glaubens oder der Überzeugung willen. 2) Das Grab oder die Grabkirche eines christl. Märtyrers.

Merowinger Königsgeschlecht der Franken.
Die Merowinger wurden durch Chlodio (um 425) und den namengebenden Merowech (um 450) bekannt. Chlodwig I. (482–511) machte das Fränkische Reich zur führenden Macht im Abendland.
Die M. verloren im 7. Jh. ihre Macht und wurden durch die Karolinger abgelöst.

Mission [lat.] **1)** In der Bildungssprache: Sendung, Vollmacht, Auftrag.
2) In der Religionswissenschaft: die Verbreitung einer Religion und die Gewinnung von Anhängern für sie.
Den Ausgangspunkt der christlichen Mission bildete die Missionstätigkeit des ⇨*Apostels* Paulus im Röm. Reich.
Die Christianisierung der Germanen begann mit den angelsächsischen (⇨*Bonifatius*) und iroschottischen Mönchen. Die durch sie gegründeten Mönchsorden waren bei der Missionierung besonders bedeutsam.

Nero urspr. Lucius Domitius Ahenobarbus, nach Adoption durch Kaiser Claudius (50) N. Claudius Caesar, röm. Kaiser (54–68 n. Chr.), ✻ Antium (heute Ànzio, Italien) 15. 12. 37, † (Selbstmord) bei Rom 9. 6. 68 n. Chr.
Nero war der Sohn von Gnaeus Domitius Ahenobarbus und Agrippina der Jüngeren. Durch Agrippina konnte Nero den Thron besteigen und regierte in den ersten Jahren unter dem Einfluss seines ehemaligen Erziehers Seneca.
Auseinandersetzungen innerhalb der kaiserlichen Familie Neros führten zur Ermordung seines Stiefbruders Britannicus (55) und seiner Mutter (59).
62 ließ er seine Frau Octavia töten, um Poppaea Sabina heiraten zu können. Nero wurde zum Zwangsherrscher. Er trat in der Öffentlichkeit als Sänger, Schauspieler und Wagenlenker auf. Im Juli 64 brannte ein großer Teil Roms nieder.
Um den gegen ihn gerichteten Verdacht der Brandstiftung von sich abzulenken, ließ Nero die Christen Roms verfolgen (⇨*Christenverfolgungen*). 68 brachten Aufstände in Gallien und Spanien, der Verlust der kaiserlichen Leibgarde und die Ächtung durch den Senat Nero dazu aus Rom zu fliehen, und begründeten auch seinen Selbstmord.

Paulus (jüd. Name Saul), christl. Missionar (⇨*Mission*), »⇨*Apostel* der Heiden«, und Theologe, ✻Tarsus (Kilikien, Landschaft im östlichen Kleinasien, heute Türkei) Anfang des 1. Jh., † (⇨*Martyrium*) Rom 64;
Paulus ist der Verfasser der ältesten Schriften des N.T. Die Quellen für seine Biographie sind vor allem seine darin enthaltenen Briefe an die christlichen Gemeinden in Rom, Korinth, Galatien, Philippi, Thessalonike und an Philemon (Paulusbriefe). ➠

Paulus stammte aus einer streng jüdischen Familie. Er besaß das römische Bürgerrecht. Von Beruf war er Zeltmacher.
Um 30 erlebte er vor Damaskus eine Christusvision (»Damaskuserlebnis«; Apg. 9,3–9), die er als seine persönliche Berufung zum Apostel deutete.
In der darauffolgenden Zeit begründete er die »Heidenmission« (Heidenchristen) in Antiochia. Mit seiner Missionstätigkeit legte Paulus die Grundlagen für die christliche Mission im Römischen Reich.
Nach den Gemeindegründungen in Kleinasien (Galatien) gründete er in Philippi, Thessalonike und Korinth die ersten christlichen Gemeinden in Europa.
Durch jüdische Anfeindungen wurde Paulus nach der Rückkehr von der dritten Missionsreise 57/58 in Jerusalem verhaftet.
Als römischer Bürger appellierte er jedoch an den Kaiser. Er wurde nach Rom überstellt, wo er vermutlich unter ⇨*Nero* den Märtyrertod fand.
Paulus wurde schon sehr früh als Heiliger verehrt; Tage: 29. 6. (zus. mit ⇨Petrus) und 25. 1. (»Pauli Bekehrung«).

Petrus eigtl. Simon [aram. Kephas; griech. Petros »Stein«], ⇨Apostel und führende Persönlichkeit im Jüngerkreis Jesu und in der Urgemeinde; † (⇨Martyrium) Rom 64 (Sterbedatum und Todesart unsicher); Petrus war Fischer und stammte aus Betsaida (heute Et-Tell) am See Genezareth.
Der Beiname Petrus (»Stein«) wurde ihm von Jesus bei seiner Berufung zum Apostel verliehen. In Mt. 16,18 wird der Name theologisch als »Fels« (Fundament) gedeutet, auf dem Jesus Christus seine Gemeinde (»Ekklesia«) baut.
Ab etwa 44 widmete er sich der ⇨Mission unter den Juden. Petrus hielt sich in Rom auf und starb dort nach kirchl. Überlieferung unter ⇨Nero als Märtyrer. Petrus wird als Heiliger verehrt und als Patron der Fischer und Schiffer. Im Volksglauben ist Petrus der »Himmelspförtner« und Wettermacher; Tag: 29. 6. (zus. mit Paulus) und 22. 2. (»Petri Stuhlfeier«, Gedächtnis der Übertragung des Hirtenamtes an Petrus.

S

Staatsreligion Die von einem Staat innerhalb seines Gebietes anerkannte oder zumindest bevorzugte Religion bzw. Konfession.

Stundengebet (Horen) In der kath. Kirche ist das Stundengebet das den Geistlichen und Ordensleuten vorgeschriebene Gebet zu bestimmten Tageszeiten (»Stunden«): Laudes (Morgenlob), das Gebet zur 1. Stunde, dem Arbeitsbeginn (Prim), die mittleren oder kleinen Horen (Terz, Sext, Non [3., 6. und 9. Stunde]), Vesper (Abendlob), Komplet (Nachtgebet).

Theodosius I. der Große Römischer Kaiser von 379 bis 395, ∗Cauca (heute Coca, Spanien) 11. 1. 347, † Mediolanum (heute Mailand) 17. 1. 395. Theodosius wurde 379 Kaiser des Ostens.
Er einte 394 das Römische Reich für kurze Zeit noch einmal, machte das Christentum zur Staatsreligion und verbot damit auch 391/392 alle heidnischen Kulte und Bräuche. Nach seinem Tod wurde das Reich in ein Ost- und ein Weströmisches Reich geteilt und seinen Söhnen Arkadios und Honorius zur Herrschaft übergeben.

STATION 2A

Der christliche **Glaube** verkündete die feste Hoffnung auf Befreiung von **Sünde und Tod**. Christin oder Christ wurde man in der **Gemeinde**, der Kirche Gottes am jeweiligen Wohnort. Für die Menschen der Antike wurde sie zum Ort des Heiles, der anwesenden Macht **Gottes**, zum heiligen Ort. Grundsätzlich konnte jeder in sie eintreten. Die Gemeinden waren **sozial-karitativ** tätig: Sie finanzierten ihre Bedürfnisse durch freiwillige **Spenden**, leisteten Katastrophenhilfe, sorgten für Kranke, Zwangsarbeiter und Gefangene. Nicht zu unterschätzen ist die Sorge um die **Toten**.
Seit dem frühen 3. Jahrhundert konnten die Gemeinden eigene Friedhöfe anlegen. Damit traten sie an die Stelle der begehrten römischen Begräbnisvereine, in die Menschen eintraten, um nach ihrem Tod eine würdige **Beerdigung** zu bekommen. Die Christen sorgten nicht nur für die **Bestattung**, sondern durch ihr fürbittendes **Gebet** auch für das ewige **Heil/Leben** des Toten.

Warum fühlten sich „Außenstehende" von dem christlichen Glauben angezogen?
Die Gemeinde war eine Einheit, „ein Herz und eine Seele". Alle hielten zusammen und teilten ihren Besitz miteinander. So gab es keinen Neid und keinen Streit unter den Mitgliedern, denn auch heutzutage sind finanzielle und materielle Unterschiede oft der Anlass von Streitigkeiten und Auseinandersetzungen. Der gemeinsame Glaube an Jesus war das Band, das alle Männer und Frauen, Mädchen und Jungen zusammenhielt.

Das soziale Engagement der christlichen Gemeinde zog viele Menschen an. Die Gemeinde half, wo Not am Mann war. Das war in der Antike nicht selbstverständlich. Der griechisch-römische Götterkult malte das Jenseits in dunklen Farben: Es war ein Schattenreich ohne viel Freude. Dagegen bietet der christliche Glaube die Hoffnung auf ein Leben nach dem Tod, das im himmlischen Paradies stattfindet.

STATION 2D

Die genannten Berufe waren aus verschiedenen Gründen nicht mit dem christlichen Glauben zu vereinbaren. Beamte dienten ja dem heidnischen Staat, Götzenbilder- und Statuen verstoßen gegen das 2. Gebot (Ex 20,4), Schauspieler spielten heidnische Theaterstücke vor, Wettkämpfer und aktive Soldaten handelten sowohl gegen das 6. Gebot (Ex 20,13) als auch gegen das Liebesgebot Jesu (z.B. Mt 5,43-48), die Tätigkeiten von Zauberern und Traumdeutern galten ebenfalls als heidnisch. Bordellbesitzer und Prostituierte verstießen nicht nur gegen biblische Gebote, sondern hätten auch den Ruf der christlichen Gemeinde zerstört.

STATION 3A

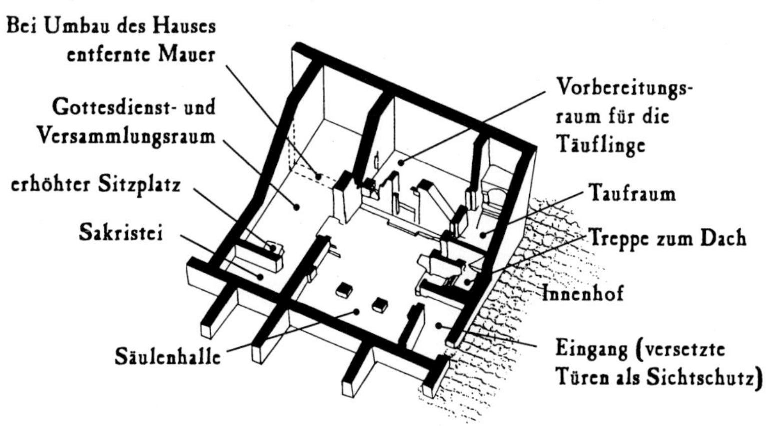

STATION 3C **Was haben die Symbole des Ankerkreuzes mit dem Paradies zu tun?**
Das Alte Testament meint mit dem Paradies den Garten Eden (Mose/Gen 2,8-14). Das Kreuz, das unten in den Anker mündet, ist Symbol der christlichen Auferstehungshoffnung, des ewigen Lebens. Die Taube symbolisiert den Heiligen Geist, der immer und überall wirkt. In der Noah-Geschichte (Mose/Gen 8,8-12) ist sie Zeichen der Versöhnung Gottes mit seiner Schöpfung und dem Menschen. Der Fisch, altgriechisch Ichthys, ist wegen der Abkürzung der Formel Iesous, Christos, Theou, (H)Yios, Soter (»Jesus Christus, Gottes Sohn, Heiland«) das frühchristliche Geheimzeichen für Christus, den Heiland der Menschheit.

STATION 3D **Matthäus=Mensch; Lukas=Stier; Markus=Löwe; Johannes=Adler**

STATION 4A **Wie macht sich der Spötter über das Christentum lustig?**
Der Esel galt bereits in der Antike als Symbol der Dummheit, aber auch der Lüsternheit und Triebhaftigkeit. Die Darstellung Jesu als Esel rückt den Gekreuzigten in diese „Ecke“. Die Tatsache, dass Alexamenos einen Esel anbetet, zeigt, wie dumm er und sein Glaube ist – und was das Christentum in den Augen des Spötters beinhaltet: unkontrollierte sexuelle Gelage.

Welche Folgen hatte diese weit verbreitete Ansicht wohl für das öffentliche Ansehen der christlichen Religion?
Das Christentum rückte in der Meinung vieler Zeitgenossen in den „Keller“. Es war eine Religion, die es nicht verdiente, als staatlich anerkannte Religion zu existieren.

STATION 4B **Was wird den Christen vorgeworfen?**
Die Christen sind ein Geheimbund, der im Verborgenen unanständige, abstoßende und verbrecherische Dinge tut.

STATION 4C **Beschreibe die Christenverfolgung im Römerreich!**
Die Christenverfolgung verlief im Imperium Romanum wellenartig in zwei Phasen. Bis in die Mitte des 3. Jahrhunderts wurden Christen nur vereinzelt und örtlich begrenzt verfolgt. Es wurde nicht polizeilich nach ihnen gefahndet. Ab Kaiser Decius (249–251) wurden Christen gezielt als „Reichsfeinde“ verfolgt. Zwischen diesen Verfolgungswellen konnten die Christen allerdings mehr oder weniger frei und unbehindert in der römischen Gesellschaft leben.

STATION 4D **Welchen möglichen Ausweg deutet der Familienvater Gaius an?**
Gaius deutet an, über seinen Freund, der im Tempel beschäftigt ist, eine gefälschte Opferbescheiningung für seine Familie zu beschaffen.

STATION 5A **Beschreibe die Veränderungen, die die „konstantinische Wende“ dem Christentum brachte.**
Das Christentum wurde mit der „konstantinischen Wende“ von einer verfolgten zu einer staatlich anerkannten Kirche. Das Christentum galt nun als eine mit den heidnischen Kulten gleichwertige Religion. In der Folgezeit gewann es immer mehr an öffentlichem Einfluss, bis es zuletzt alleinige Religion des Römerreiches wurde.

Warum hat sich das Christentum gegen die heidnischen Kulte durchsetzen können und wurde schließlich zur Staatsreligion?
Die aktive Förderung des Christentums durch den römischen Kaiser ebnete den Weg zur Staatsreligion.

Lege eine Zeitleiste mit den wichtigsten kirchengeschichtlichen Ereignissen der Jahre 311 bis 392 an!
Folgende Daten müsste der Zeitstrahl enthalten:

312: Konstantins Sieg an der Milvischen Brücke („konstantinische Wende")
ab 313: aktive kaiserliche Förderung des Christentums
321: Sonntag arbeitsfreier Tag
326: Zweitehe für Männer verboten und die Ehescheidung erschwert
381: Christentum Staatsreligion des Römerreiches
382: Zerstörung heidnischer Tempel
392: Verbot aller heidnischen Kulte

STATION 6A

Im Jahr 487/488 besiegt Chlodwig, ein **Kleinkönig** der fränkischen Merowinger, die heidnischen **Alemannen** in der Schlacht bei Zülpich/Elsass. Während der Schlacht soll er zu **Gott** gebetet haben: „Gewährst du mir den Sieg über diese meine **Feinde**, will ich an dich glauben und mich **taufen** lassen. Chlodwigs Bekehrung erinnert an **Konstantin den Großen**, der am 28. Oktober 312 an der **Milvischen Brücke** in Rom seinen Gegner Maxentius besiegte und vor der Schlacht ebenfalls Gott um Hilfe bat. Am Weihnachtsfest 499 ließ Chlodwig sich mit seiner Gefolgschaft in **Reims** taufen. Das Merowingerreich war **christlich** geworden, damit waren die Voraussetzungen für ein christliches Alemannien und darüber hinaus für ein christliches Südwestdeutschland gegeben. Dass unsere Vorfahren den christlichen Glauben annahmen, verraten uns auch **Grabbeigaben**, die von Archäologen ausgegraben wurden. Gefunden wurden Zeichen des christlichen Glaubens wie **Gold, Eisen- und Bronzekreuze** sowie Schmuckgegenstände in Form goldener Gürtelschnallen und Spindeln. Die ersten **Kirchen** im alemannischen Land waren noch recht bescheiden und bestanden aus **Holz** oder **Stein**.
Zu den Anfängen der Christianisierung am Oberrhein gehört die Gründung des Bistums Konstanz im **6. Jahrhundert**. Auch die Klostergründungen wie **St. Gallen, Reichenau, St. Trudpert** und Säckingen, die auf **Mönche** aus Frankreich, Irland und Schottland zurückgehen, sind Zeugnis für die Ausbreitung des Christentums im alemannischen Raum.

Literatur-Empfehlungen

Jürgen Becker u.a.
Die Anfänge des Christentums: Alte Welt und neue Hoffnung.
Kohlhammer. 1987.
ISBN: 3-17-001902-3

Roland Breitenbach
In Sachen Gottes unterwegs. Erlebnisse auf den Spuren des Paulus.
Topos. 2000.
ISBN: 3-7867-8323-3

Hans-Ulrich Bever, Wolfgang Dröpper, Uta Brumann:
Auf den Spuren unseres Glaubens. Eine Arbeitsmappe zur Bibel und ihren historischen Hintergründen.
Verlag an der Ruhr. 1997.
ISBN: 3-86072-327-8

Peter Brown
Autorität und Heiligkeit. Aspekte der Christianisierung des Römischen Reiches.
Reclam. 1998.
ISBN: 3-15-009709-6

Rudolf Bultmann
Das Urchristentum.
Patmos. 2000.
ISBN: 3-491-69015-3

Terence Copley, Adrian Brown:
Lernspiele Religion: Der christliche Glaube.
Verlag an der Ruhr. 1995.
ISBN: 3-86072-236-0

Ernst Dassmann
Die Anfänge der Kirche in Deutschland. Von der Spätantike bis zur frühfränkischen Zeit.
Urban Taschenbücher, Kohlhammer. 1993.
ISBN: 3-17-011734-3

Ernst Dassmann
Kirchengeschichte: Konstantinische Wende und spätantike Reichskirche, Theologie Bd. 11/1.
Kohlhammer Studienbücher.1996.
ISBN: 3-17-012045-X

Tim Dowley (Hrsg.)
Atlas, Bibel und Geschichte des Christentums.
Brockhaus. 1997.
ISBN: 3-417-24660-0

Karl S. Frank:
Lehrbuch der Geschichte der alten Kirche.
Schöningh. 1996.
ISBN: 3-506-72601-3

Heide Huber:
Lernspiele Römerzeit.
Verlag an der Ruhr. 1999.
ISBN: 3-86072-408-8

Länder und Völker der Bibel:
Zeugnisse einer großen Kultur.
Gerstenberg. 1992.
ISBN: 3-8067-4428-9

Andrew, Langley; Philip de Souza:
Die Römische Zeitung. Unabhängige Zeitung für das Römische Reich.
Sauerländer. 2000.
ISBN: 3-276-00181-0

Hans D. Stöver:
Drei Tage in Rom. Landleben und Stadtleben zur Zeit Caesars.
dtv Taschenbücher. ^{2}1989.
ISBN: 3-423-79512-3

John A. Thompson:
Hirten, Händler und Propheten. Die lebendige Welt der Bibel.
Brunnen Verlag. 1999.
ISBN: 3-7655-5439-1

Verlag an der Ruhr

... nicht nur eine Unterrichtseinheit

www.verlagruhr.de

Mehr in unserem kostenlosen Gesamtkatalog.

Mit dem Finger über die Landkarte
Topografische Spiele und Rätsel: Europa
Ab Kl. 5/6, 74 S., A4, Papph.
ISBN 3-86072-410-X
Best.-Nr. 2410
35,- DM/sFr/241,- öS

Mit dem Finger über die Landkarte
Topografische Spiele und Rätsel: Deutschland
Ab Kl. 5/6, 70 S., A4, Papph.
ISBN 3-86072-454-1
Best.-Nr. 2454
35,- DM/sFr/256,- öS

Mit dem Finger über die Landkarte
Topografische Spiele und Rätsel: Die Welt
Ab Kl. 5/6, 70 S., A4, Papph.
ISBN 3-86072-498-3
Best.-Nr. 2498
35,- DM/sFr/256,- öS

Baumwolle
Eine Aktivmappe
Ab Kl. 5, 74 S., A4, Papph.
ISBN 3-86072-570-X
Best.-Nr. 2570
36,- DM/sFr/263,- öS

Schokolade
Eine Aktivmappe
Ab 9 J., 86 S., A4, Papph.
ISBN 3-86072-160-7
Best.-Nr. 2160
35,- DM/sFr/256,- öS

Literatur-Kartei: „Crazy"
Ab Kl. 8, 85 S., A4, Papph.
ISBN 3-86072-496-7
Best.-Nr. 2496
38,- DM/sFr/277,- öS

Literatur-Kartei: „Biedermann und die Brandstifter"
Ab Kl. 8, 70 S., A4, Papph.
ISBN 3-86072-463-0
Best.-Nr. 2463
36,- DM/sFr/263,- öS

Literatur-Kartei: „Emil und die Detektive"
Ab Kl. 5, 70 S., A4, Papph.
ISBN 3-86072-571-8
Best.-Nr. 2571
36,- DM/sFr/263,- öS

Arbeitsblätter Deutsch
Literatur, Lyrik, eigene Texte
Ab Kl. 6, 96 S., A4, Papph.
ISBN 3-927279-87-0
Best.-Nr. 0987
36,- DM/sFr/263,- öS

Diktate üben – locker!
Klassen 5-6.
60 S., A4, Papph.
ISBN 3-86072-592-0
Best.-Nr. 2592
34,- DM/sFr/248,- öS

Das große Quiz zum 20. Jahrhundert
Ein Jahrhundert wird errätselt
Ab 12 J., 84 S., A4, Papph.
ISBN 3-86072-556-4
Best.-Nr. 2556
38,- DM/sFr/277,- öS

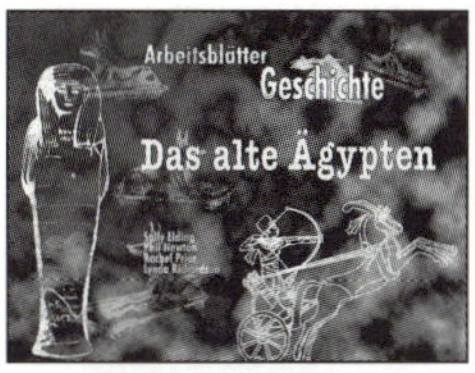

Arbeitsblätter Geschichte:
Das alte Ägypten
Ab Kl. 5, 91 S., A4, Papph.
ISBN 3-86072-259-X
Best.-Nr. 2259
36,- DM/sFr/263,- öS

„In Auschwitz wurde niemand vergast"
60 rechtsradikale Lügen und wie man sie widerlegt
Ab 13 J., 184 S., 16x23 cm, Pb.
ISBN 3-86072-275-1
Best.-Nr. 2275
24,80 DM/sFr/181,- öS

Von wegen Heilige Nacht!
Das Weihnachtsfest in der politischen Propaganda
Ab 14 J., 200 S., 20x25,5 cm, Hardcover, vierfarbig
ISBN 3-86072-572-6
Best.-Nr. 2572
39,80 DM/sFr/291,- öS

Projektmappe: Die Römerzeit
Ab 10 J., ca. 110 S., A4, Pb.
ISBN 3-86072-591-2
Best.-Nr. 2591
42,- DM/sFr/307,- öS

Religionen kennen lernen:
Islam
Ab 10 J., 49 S., A4, Papph.
ISBN 3-86072-338-3
Best.-Nr. 2338
28,- DM/sFr/204,- öS

Religionen kennen lernen:
Judentum
Ab 10 J., 49 S., A4, Papph.
ISBN 3-86072-339-1
Best.-Nr. 2339
28,- DM/sFr/204,- öS

Apostel, Mönche, Missionare:
Die erste Ausbreitung des Christentums
Ab Kl. 7, 60 S., A4, Papph.
ISBN 3-86072-573-4
Best.-Nr. 2573
34,- DM/sFr/248,- öS

Projektmappe
Afrikanische Religionen
Ab Kl. 8, 74 S., A4, Papph.
ISBN 3-86072-568-8
Best.-Nr. 2568
36,- DM/sFr/263,- öS

Auf den Spuren unseres Glaubens
Ab 10 J., 76 S., A4, Papph.
ISBN 3-86072-327-8
Best.-Nr. 2327
38,- DM/sFr/277,- öS

Verlag an der Ruhr • Postfach 10 22 51 • D-45422 Mülheim an der Ruhr • Tel.: 0208/495040 • Fax: 0208/4950495 • e-mail: info@verlagruhr.de

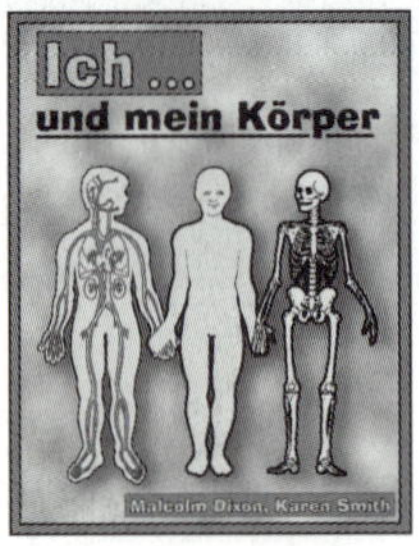

Ich ... und mein Körper
Ab Kl. 4, 49 S., A4, Papph.
ISBN 3-86072-347-2
Best.-Nr. 2347
28,- DM/sFr/204,- öS

Ich ... werde erwachsen
Arbeitsblätter Sexualerziehung
Ab 9 J., 49 S., A4, Papph.
ISBN 3-86072-348-0
Best.-Nr. 2348
28,- DM/sFr/204,- öS

Pubertät
Zwischen Happy und Depri
Ab Kl. 6, 50 S., A4, Papph.
ISBN 3-86072-578-5
Best.-Nr. 2578
32,- DM/sFr/234,- öS

Mit Kindern die Natur erleben
3–99 J., 178 S., 14 x 21,6 cm,
Pb., viele Fotos
ISBN 3-927279-97-8
Best.-Nr. 0997
19,80 DM/sFr/145,- öS

Agenda 21 –
Wir bauen unsere Zukunft
9–13 J., 152 S., A4, Pb.,
vierfarbig
ISBN 3-86072-411-8
Best.-Nr. 2411
39,80 DM/sFr/291,- öS

Klotzen Mädchen!
Spiele und Übungen für Selbstbewusstsein und Selbstbehauptung
Ab 12 J., 94 S., A4, Pb.
ISBN 3-86072-391-X
Best.-Nr. 2391
29,80 DM/sFr/218,- öS

Müssen Jungen aggressiv sein?
Eine Praxismappe für die Arbeit mit Jungen
Ab 9 J., 104 S., A4, Pb.
ISBN 3-86072-392-8
Best.-Nr. 2392
29,80 DM/sFr/218,- öS

Konflikte selber lösen
Trainingshandbuch für Mediation und Konfliktmanagement in Schule und Jugendarbeit
Ab 10 J., 207 S., A4, Pb.
ISBN 3-86072-220-4
Best.-Nr. 2220
45,- DM/sFr/329,- öS

Wir werden eine Klassengemeinschaft
Soziales Lernen in der Orientierungsstufe
Ab Kl. 5, 90 Seiten, A4, Papph.
ISBN 3-86072-388-X
Best.-Nr. 2388
38,- DM/sFr/277,- öS

Neinsagen lernen
Alkohol
Ab Kl. 6, 50 S., A4, Papph.
ISBN 3-86072-575-0
Best.-Nr. 2575
32,- DM/sFr/234,- öS

„Bleib ruhig!"
Entspannungs- und Konzentrationsübungen für Jugendliche
Ab 10 J., Set in stabiler Pappbox, illustr. Anleitungsbuch (48 S.) + CD
ISBN 3-86072-328-6
Best.-Nr. 2328
38,- DM/sFr/277,- öS

Ich lebe viel
Materialien zur Suchtprävention
Ab Kl. 7, 96 S., A4, Papph.
ISBN 3-927279-79-X
Best.-Nr. 0979
36,- DM/sFr/263,- öS

Projekt: Soziales Lernen
Ein Praxisbuch für den Schulalltag
Ab 10 J., 152 S.,
15,3 x 22 cm, Pb.
ISBN 3-86072-261-1
Best.-Nr. 2261
24,80 DM/sFr/181,- öS

Mediation in der pädagogischen Arbeit
Ein Handbuch für Kindergarten, Schule und Jugendarbeit
234 S., A5, Pb.
ISBN 3-86072-341-3
Best.-Nr. 2341
29,80 DM/sFr/218,- öS

Mit Freiarbeit erfolgreich in der Sek. I
126 S., A5, Pb.
ISBN 3-86072-497-5
Best.-Nr. 2497
16,80 DM/sFr/123,- öS

Malen wie die Großen
Kinder entdecken Künstler
6–12 J., 134 S., A4-quer, Pb.
ISBN 3-86072-346-4
Best.-Nr. 2346
36,- DM/sFr/263,- öS

Arbeitsblätter
Musik für die Sek. I
Ab Kl. 5, 126 S., A4, Pb.
ISBN 3-86072-409-6
Best.-Nr. 2409
39,80 DM/sFr/291,- öS

HipHop
Sprechgesang: Raplyriker und Reimkrieger – Ein Arbeitsbuch
Ab Kl. 7, 110 S., 16 x 23 cm, Pb.
ISBN 3-86072-554-8
Best.-Nr. 2554
24,80 DM/sFr/181,-öS

Inline-Skaten lernen – aber sicher!
Ein Trainingsbuch
7–14 J., 108 S., 16 x 23 cm, Pb.
ISBN 3-86072-487-8
Best.-Nr. 2487
22,- DM/sFr/161,- öS

Fun-Olympics
Sport- und Spaßspiele für alle
5–99 J., 96 S., 18 x 23 cm,
Hardcover, vierfarbig
ISBN 3-86072-445-2
Best.-Nr. 2445
29,80 DM/sFr/218,- öS

Die Mathe-Merk-Mappe Klasse 5
Ab 10 J., 104 S., A4, Pb.
ISBN 3-86072-389-8
Best.-Nr. 2389
32,- DM/sFr/234,- öS

Nie mehr zu viel zahlen
Kopfrechentraining für den Alltag
Ab Kl. 6, 164 S., 16 x 23 cm, Pb.
ISBN 3-86072-589-0
Best.-Nr. 2589
32,-DM/sFr/234,-öS

Dies ist nur ein kleiner Auszug aus unserem Katalog. Dort finden Sie Unterrichtshilfen für alle Fächer von Kiga bis Sek II. Fordern Sie unseren Katalog an.

☐ **Bitte senden Sie mir Ihren kostenlosen Gesamtkatalog.**

Verlag an der Ruhr

Postfach 10 22 51, D–45422 Mülheim a. d. Ruhr
Alexanderstr. 54, D–45472 Mülheim a. d. Ruhr
Tel.: 02 08/49 50 40 – Fax: 02 08/495 0 495
e-mail:info@verlagruhr.de
http://www.verlagruhr.de

Name ______________________

Straße/Nr. ______________________

PLZ/Ort ______________________

Schulform/Arbeitsbereich ______________________

Datum/Unterschrift ______________________

Sek-09/00